Le Cuisinier rebelle en feu
Antoine Sicotte

Textes et recettes : Antoine Sicotte
Conception et direction artistique : Antoine Sicotte
Consultante culinaire : Véronique Paradis
Stylisme culinaire : Véronique Paradis et Noémie Graugnard
Photographie et retouches : Antoine Sicotte
Autres photographies : Noémie Graugnard et Parish
Photographie de la couverture : Noémie Graugnard
Design et design de la couverture : Laurie Auger
Mise en page : Laurie Auger
Révision et correction d'épreuves : Émily Patry et Flavie Léger-Roy
Maquilleuse : Salomé Trudel

Un ouvrage sous la direction d'Antoine Ross Trempe

Publié par :

Les Éditions Cardinal inc.
5333 avenue Casgrain, bureau 1206
Montréal, QC
H2T 1X3
www.editions-cardinal.ca

Dépôt légal : 2014
Bibliothèque et Archives nationales du Québec
Bibliothèque et Archives Canada
ISBN : 978-2-924155-80-6

Nous reconnaissons avoir reçu l'aide financière du gouvernement du
Canada par l'entremise du Fonds du livre du Canada (FLC) pour nos
activités d'édition ainsi que l'aide du gouvernement du Québec – Crédit
d'impôt remboursable pour l'édition de livres et programme d'Aide à
l'édition et à la promotion – SODEC.

ISBN : 978-2-924155-80-6

Imprimé au Canada

Antoine Sicotte

LE CUISINIER REBELLE

BBQ

EN FEU

CE LIVRE EST DÉDIÉ
À MA MÈRE, LYSE.
TOI, QUI A TOUJOURS SU
ME DONNER DES AILES.

Antoine Sicotte

LE CUISINIER REBELLE

BBQ

EN FEU

cardinal

LE CUISINIER REBELLE EN FEU!

L'idée derrière ce livre – le troisième de ma série bouffe et le quatrième au total – c'est qu'en tant que vrai passionné de BBQ, j'avais l'impression de toujours retourner aux mêmes vieilles habitudes. Le problème avec les livres de BBQ que je consultais était le même qu'avec les livres de grands chefs : ils sont bien souvent trop complexes et les recettes demandent beaucoup trop de temps et d'accessoires pour les faire un soir de semaine.

Et moi, j'aime cuisiner BBQ tous les jours de l'été, du lundi au dimanche. Donc, il faut que ce soit hyper simple! Je veux que les recettes contenues dans ce livre trouvent leur place dans votre routine quotidienne, pas qu'elles soient seulement réservées aux occasions spéciales.

Alors, pour créer ce livre, je me suis donné cinq grands principes :

Premièrement, la totalité des recettes qui suivent peut se faire sur un barbecue au gaz tout ce qu'il y a de plus ordinaire. Évidemment, elles peuvent aussi se faire sur le charbon de bois, mais ce n'est pas obligatoire parce que le propane fonctionne

parfaitement. L'idée, encore une fois, c'est la facilité : on part le barbecue au gaz et dix minutes après, on est prêt à *starter* l'affaire!

Deuxièmement, je voulais que les ingrédients (au moins à 95 %) se trouvent en épicerie. Pas de coupes de viande rares, pas de trucs trop compliqués. La plupart des coupes se retrouvent déjà dans les comptoirs de n'importe quelle grande épicerie. Pour s'y retrouver facilement, j'ai aussi séparé le livre en chapitres simples : poulet, bœuf, porc, agneau, poissons et fruits de mer, accompagnements et desserts. Oui-oui, des desserts sur le barbecue!

Troisièmement, je voulais proposer des à-côtés qui sont, eux aussi, faits sur le barbecue. Fini les aller-retour de la cour à la cuisine! Une fois que tu sors dehors avec ton stock, tu peux rocker le gril du début jusqu'à la fin!

Quatrièmement, il y avait l'idée du temps. Dans ce livre, la très grande majorité des recettes tombe dans l'une ou l'autre des deux catégories suivantes : soit que t'as un p'tit bout à faire le matin, puis le soir, il ne reste plus qu'à cuire;

soit tu fais tout le soir en 1 heure, gros maximum. Évidemment, j'ai mis quelques recettes de cuisson lente parce que parfois, on invite les amis et la famille la fin de semaine, et on n'a rien d'autre à faire que de regarder la pièce de viande cuire lentement. Mais la majorité des recettes se fait en un rien de temps.

En bonus : avec l'index des ingrédients, on peut trouver une recette qui fonctionne avec ce qu'il y a déjà au frigo. T'as du brocoli? Boom! Il y a une recette avec du brocoli! Et avec l'index des sauces et des marinades, on peut s'amuser à recombiner les recettes comme on l'entend et à trouver sa marinade préférée!

Finalement, mon souhait avec ce livre, c'est que vous vous embarquiez avec moi dans un 60 jours de marathon BBQ! Et que les 30 autres jours de l'été, vous en profitiez pour refaire vos recettes préférées! Et pour les *troopers* qui font du BBQ toute l'année, chapeau, vous êtes des champions! Bonnes grillades!

60 JOURS DE MARATHON BBQ AVEC ANTOINE SICOTTE

TABLE DES MATIÈRES

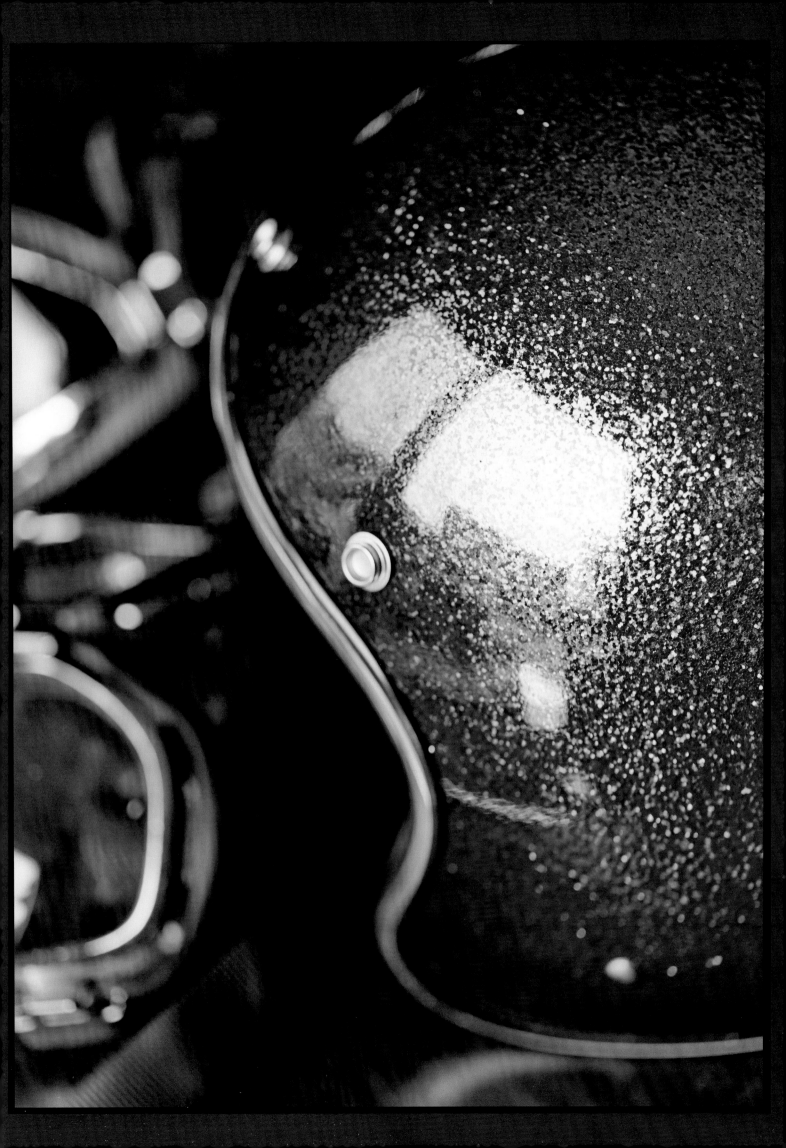

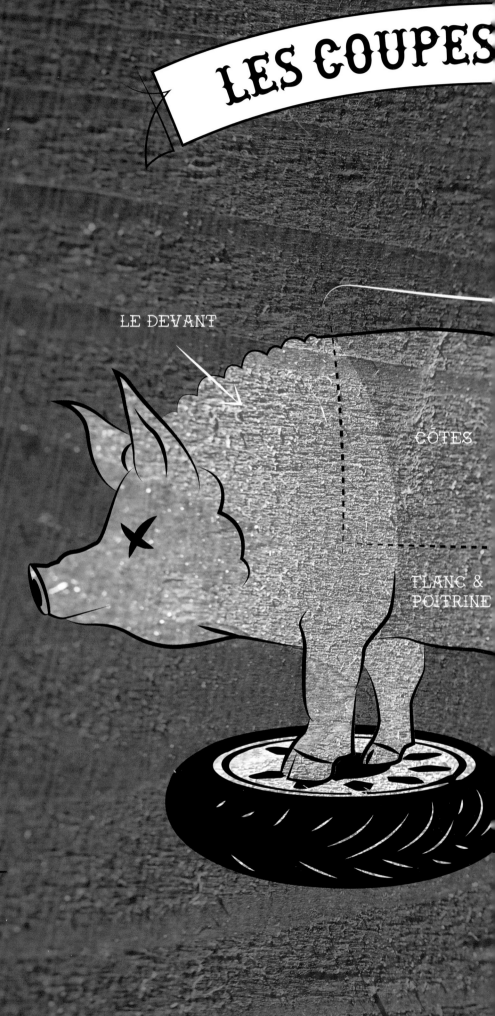

LE DEVANT

BŒUF	épaule collier palette jarret
PORC	épaule échine palette jarret
AGNEAU	épaule collet jarret

LE DESSOUS

BŒUF	poitrine complète *(brisket)* poitrine pointe de poitrine bavette
PORC	poitrine de flanc côte de flanc flanc
AGNEAU	flanc

LE DEVANT

CÔTES

FLANC &
POITRINE

DE VIANDE

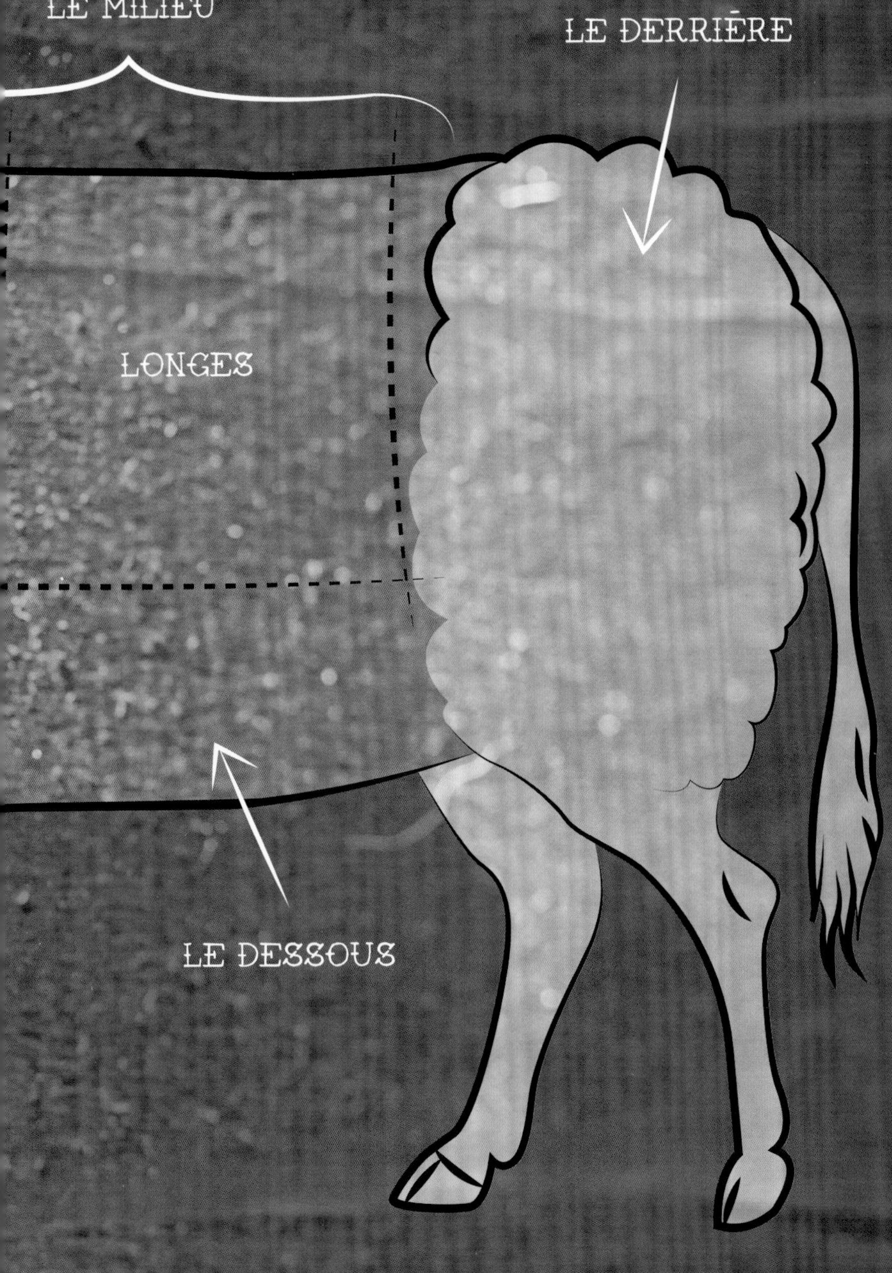

LE MILIEU

LE DERRIÈRE

LE MILIEU

LONGES

LE DESSOUS

LE MILIEU

BŒUF	Côtes : prime ribs short ribs entrecôte faux filet Longes : steak d'aloyau *(t-bone)* filet surlonge
PORC	Longes : côtelettes avec os côtes levées filet surlonge
AGNEAU	carré côtelettes filet

LE DERRIÈRE

BŒUF	cuisse ronde intérieur de ronde extérieur de ronde jarret
PORC	surlonge fesse jarret
AGNEAU	selle gigot jarret

CUISSON DIRECTE OU INDIRECTE

CUISSON DIRECTE

Il s'agit de mettre la pièce à cuire directement sur la source de chaleur afin de bien la saisir et la griller.

La cuisson directe est habituellement de courte durée, car les aliments soumis à une chaleur directe trop longtemps brûlent.

Pour saisir une viande à feu vif, identifiez la zone la plus chaude de votre barbecue. Une fois la viande uniformément saisie, terminez à cuisson indirecte.

Assurez-vous de toujours bien nettoyer et huiler les grilles de votre barbecue avec une huile végétale avant de saisir un aliment à cuisson directe.

CUISSON INDIRECTE

La cuisson indirecte crée un environnement semblable à celui d'un four. Il s'agit d'allumer seulement la moitié de votre barbecue et de mettre les aliments à cuire sur la section sans chaleur directe afin de les cuire lentement en évitant une coloration trop rapide.

Vous pouvez aussi laisser toute la surface de votre barbecue allumée et placer plutôt les aliments sur les grilles supérieures du barbecue.

La cuisson indirecte est parfaite pour :
★ terminer la cuisson d'une viande après l'avoir saisie;
★ les cuissons longues des grosses pièces de viande;
★ les aliments contenant une laque ou une sauce très sucrée qui collera automatiquement aux grilles si on utilise la cuisson directe.

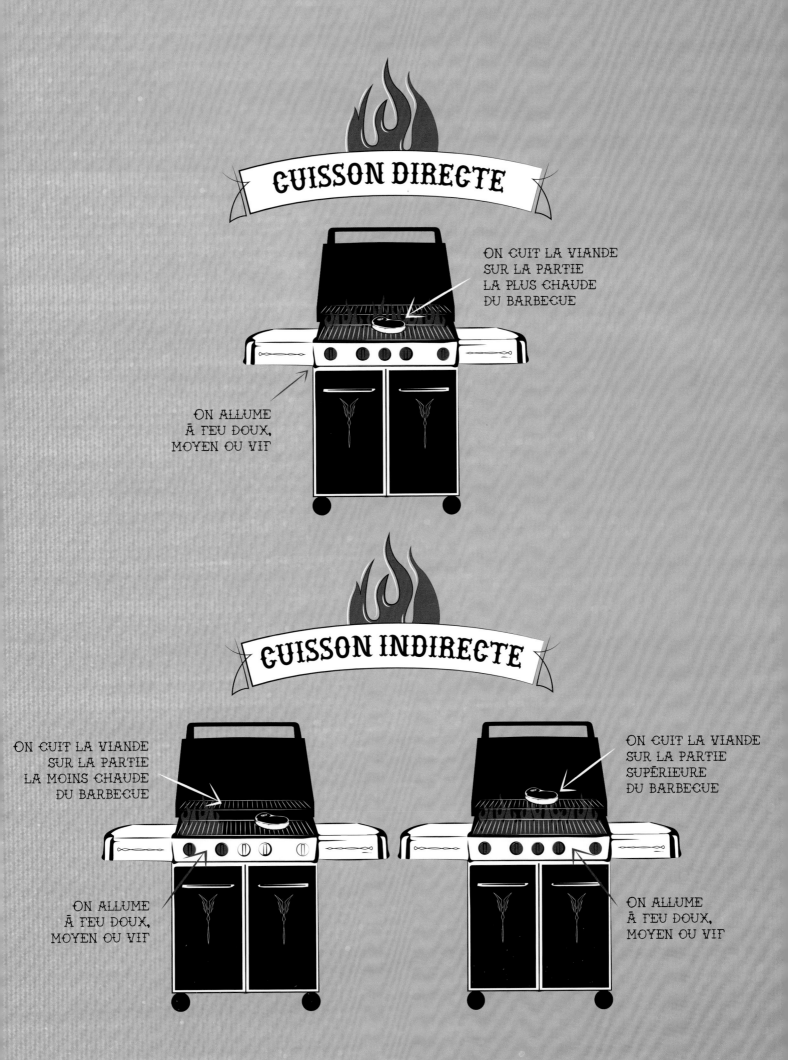

CUISSON DIRECTE

ON CUIT LA VIANDE SUR LA PARTIE LA PLUS CHAUDE DU BARBECUE

ON ALLUME À FEU DOUX, MOYEN OU VIF

CUISSON INDIRECTE

ON CUIT LA VIANDE SUR LA PARTIE LA MOINS CHAUDE DU BARBECUE

ON ALLUME À FEU DOUX, MOYEN OU VIF

ON CUIT LA VIANDE SUR LA PARTIE SUPÉRIEURE DU BARBECUE

ON ALLUME À FEU DOUX, MOYEN OU VIF

19

SENS DU GRAIN
DE LA VIANDE

COUPEZ DANS CE SENS
(SENS OPPOSÉ AU GRAIN)

LE GRAIN DE LA VIANDE

Si vous découpez des steaks, des lanières, des tranches ou des escalopes, prenez toujours soin de regarder les lignes dans la viande et de couper dans le sens opposé à son grain.

Le grain de la viande, c'est la fibre musculaire. Lorsqu'on coupe la viande contre le grain, les fibres sont plus courtes et plus faciles à casser en bouche, donc la viande est plus tendre.

TOUTES LES VIANDES ET VOLAILLES
POSSÈDENT UN GRAIN.
SOYEZ ATTENTIF!

COUPEZ DANS LE SENS OPPOSÉ
AU GRAIN DE LA VIANDE

LA CUISSON A1,
C'EST CELLE QUE JE PRÉFÈRE PERSONNELLEMENT.
RETROUVEZ CE SIGLE DANS LES RECETTES POUR CONNAÎTRE
LA CUISSON PARFAITE!

A1

POUR MOI, C'EST LA PERFECTION!

★ TEMPÉRATURE DE CUISSON MINIMALE
RECOMMANDÉE PAR TYPE DE VIANDE
AVANT LA PÉRIODE DE REPOS. ★

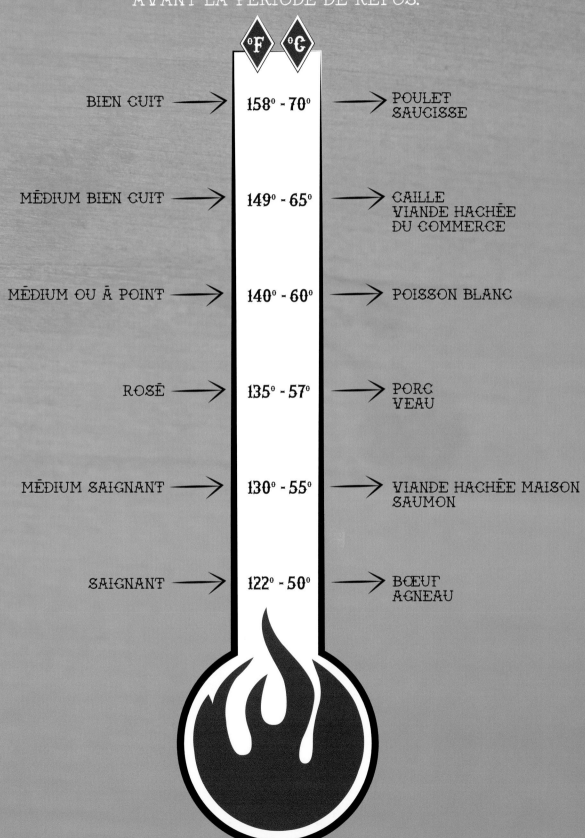

	°F	°C	
BIEN CUIT →	158°	70°	→ POULET SAUCISSE
MÉDIUM BIEN CUIT →	149°	65°	→ CAILLE VIANDE HACHÉE DU COMMERCE
MÉDIUM OU À POINT →	140°	60°	→ POISSON BLANC
ROSÉ →	135°	57°	→ PORC VEAU
MÉDIUM SAIGNANT →	130°	55°	→ VIANDE HACHÉE MAISON SAUMON
SAIGNANT →	122°	50°	→ BŒUF AGNEAU

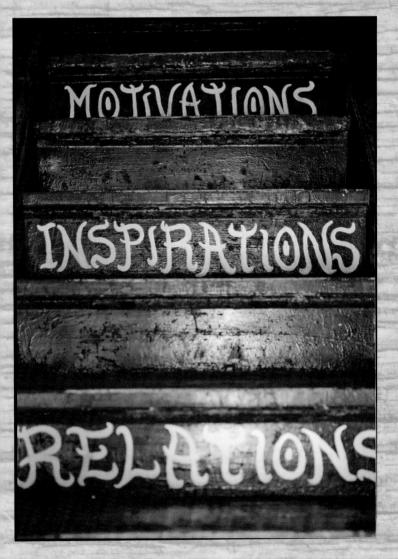

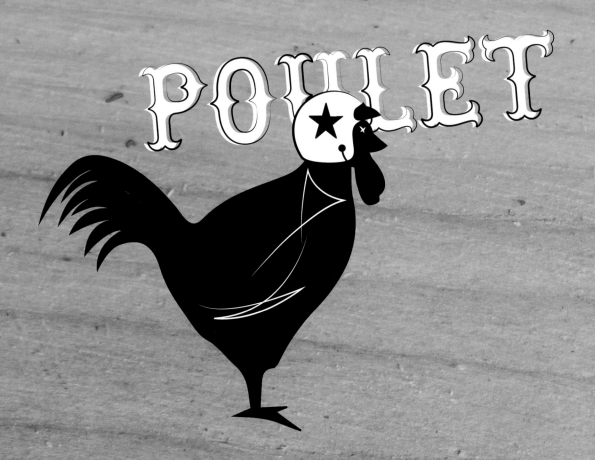

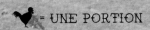 = UNE PORTION

SUPER VÉRO!

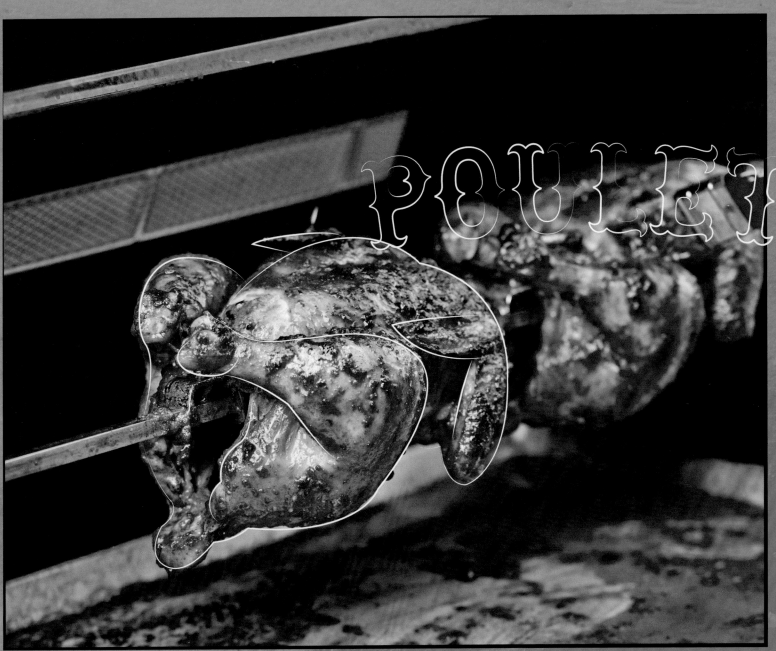

POULET

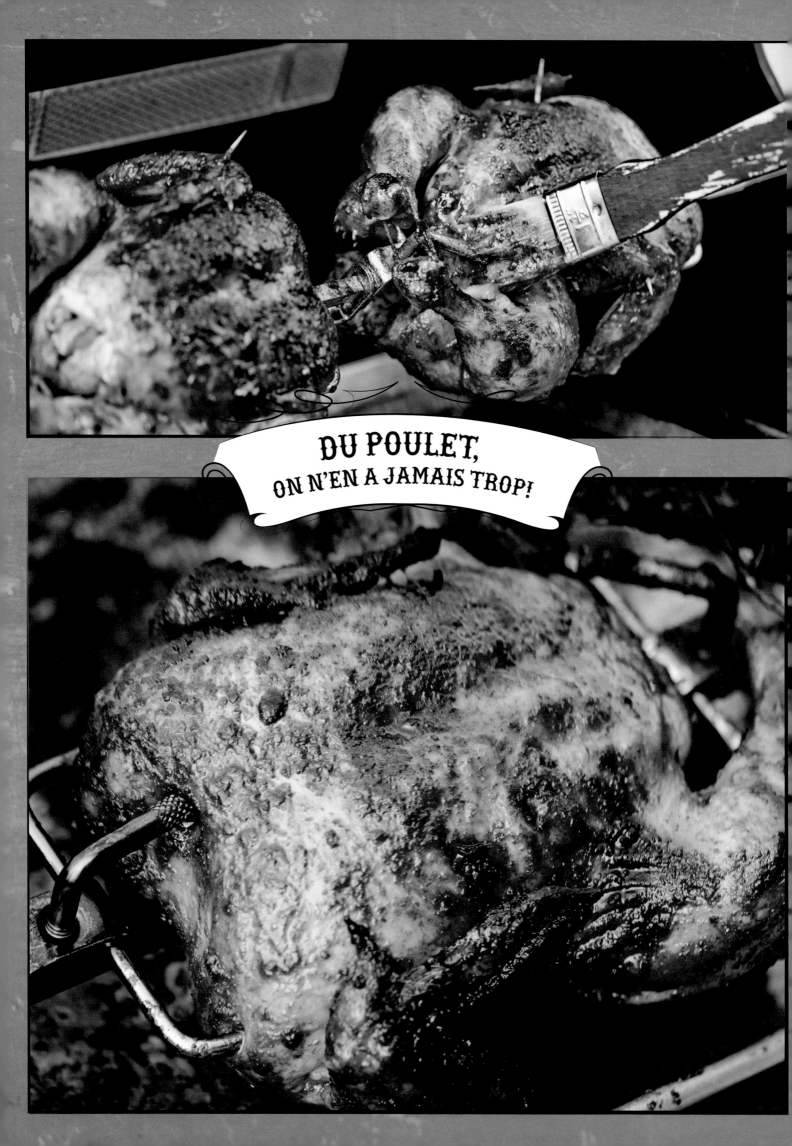

DU POULET,
ON N'EN A JAMAIS TROP!

POULETS « SPINNÉS » BBQ

🐓 🐓 🐓 🐓 🐓

PRÉPARATION : 2 HEURES

LE CARBURANT

¼ tasse (60 ml) beurre, ramolli
2 c. à soupe (30 ml) moutarde de Dijon
¼ tasse (60 ml) estragon frais
2 poulets entiers

Assaisonnement à poulet BBQ
2 c. à soupe (30 ml) paprika doux
2 c. à soupe (30 ml) cassonade
2 c. à thé (10 ml) poudre d'oignon
1 c. à thé (5 ml) poudre d'ail
2 c. à thé (10 ml) sel
½ c. à thé (2 ml) piment de Cayenne
2 c. à soupe (30 ml) huile végétale

LE PARCOURS

Dans un petit bol, combiner tous les ingrédients de l'assaisonnement BBQ.

Dans un autre bol, mélanger le beurre, la moutarde de Dijon et l'estragon. Réserver.

Afin d'obtenir une peau plus croustillante, glisser un doigt sous la peau des poitrines et des cuisses des poulets.

Frotter les poulets avec l'assaisonnement BBQ. Insérer la préparation de beurre et moutarde le mieux possible sous la peau des poulets.

Embrocher les poulets sur la tige de la rôtissoire. Cuire à la rôtissoire de 1 h 15 min à 1 h 30 min à feu vif. Servir.

TANT QU'À FAIRE, METTEZ PLUSIEURS POULETS SUR LA BROCHE.

SALADE SOMBRERO

PRÉPARATION : 20 MINUTES

LE CARBURANT

2 poitrines de poulet
¼ tasse (60 ml) sauce BBQ
1 c. à thé (5 ml) cumin
Sel casher et poivre du moulin
1 ½ tasse (375 ml) grains de maïs frais, grillés
  (voir page 155)
¼ tasse (60 ml) coriandre fraîche, hachée
16 tomates cerises
1 c. à soupe (15 ml) sauce piquante
  Frank's RedHot

Guacamole
2 avocats, pelés
1 c. à soupe (15 ml) mayonnaise
Jus de 1 lime
Sel casher et poivre du moulin

LE PARCOURS

Ouvrir les poitrines de poulet en deux sur l'épaisseur. Mélanger le poulet avec la sauce BBQ. Saupoudrer de cumin et assaisonner les poitrines.

Dans un bol, écraser à la fourchette tous les ingrédients du guacamole. Réserver.

Sur le barbecue, griller les poitrines de poulet à feu vif 7 à 8 minutes en les retournant à mi-cuisson.

Émincer le poulet cuit. Dans un saladier, mélanger le poulet avec le maïs, la coriandre, les tomates et la sauce piquante. Assaisonner.

Servir la salade de poulet sur un lit de guacamole.

HAUTS DE CUISSE À LA MOJO

PRÉPARATION : 45 MINUTES
MARINADE : 6 À 24 HEURES

LE CARBURANT

12 hauts de cuisse de poulet désossés
   avec ou sans peau

Marinade mojo
½ tasse (125 ml) jus d'orange
Jus de 2 limes
Jus de 1 citron
1 gousse d'ail
1 poivron rouge grillé du commerce
1 piment habanero (Scotch Bonnet), épépiné
½ oignon, coupé grossièrement
1 c. à thé (5 ml) origan séché
1 c. à thé (5 ml) cumin
2 c. à soupe (30 ml) vinaigre de vin blanc
1 c. à soupe (15 ml) cassonade
¼ tasse (60 ml) huile d'olive
1 c. à thé (5 ml) sel casher
½ c. à thé (2 ml) safran (svp, pas de la scrap!)
½ c. à thé (2 ml) poivre noir moulu

LE PARCOURS

Au robot culinaire, broyer tous les ingrédients de la marinade.

Dans un bol, mélanger le poulet à la marinade et mettre au réfrigérateur de 6 à 24 heures.

Retirer le poulet de la marinade. Verser la marinade dans une petite casserole et faire réduire à feu moyen jusqu'à l'obtention d'une sauce épaisse.

Griller les hauts de cuisse 3 à 4 minutes à feu vif sur le barbecue en les retournant lorsqu'ils se décollent facilement. Mettre à feu moyen et continuer la cuisson 12 à 15 minutes en retournant les morceaux de poulet et en les badigeonnant de sauce quelques fois pendant la cuisson. Servir.

SALADE BRUTUS

❧ ❧ ❧ ❧

PRÉPARATION : 40 MINUTES

LE CARBURANT

Vinaigrette César maison
1 jaune d'œuf
1 c. à soupe (15 ml) jus de citron
1 c. à soupe (15 ml) moutarde de Dijon
1 gousse d'ail, hachée finement
½ c. à thé (2 ml) pâte d'anchois
¾ tasse (180 ml) huile végétale
2 c. à soupe (30 ml) câpres, rincées
   et hachées
½ tasse (125 ml) parmesan frais, râpé

Croûtons
1 petit pain ciabatta
¼ tasse (60 ml) huile d'olive
1 gousse d'ail, coupée en 2
Sel casher et poivre du moulin

Salade
12 tranches de bacon
2 poitrines de poulet
2 cœurs de laitue romaine
1 c. à soupe (15 ml) huile d'olive

LE PARCOURS

Dans un bol, préparer la vinaigrette en fouettant le jaune d'œuf, le jus de citron, la moutarde, l'ail et la pâte d'anchois. Incorporer l'huile en filet et battre vivement jusqu'à l'obtention d'une texture onctueuse. Ajouter les câpres et la moitié du parmesan.

Pour les croûtons, trancher le pain en deux sur l'épaisseur, l'enduire d'huile d'olive et le frotter avec la gousse d'ail. Assaisonner. Griller le pain sur le barbecue et le découper en gros croûtons.

Étaler les tranches de bacon côte à côte sur une planche. Rouler chaque poitrine de poulet dans six tranches de bacon. Griller 15 à 20 minutes sur le barbecue à feu moyen. Retourner à mi-cuisson.

Couper les cœurs de romaine en deux sur la longueur et les badigeonner d'un peu d'huile d'olive. Griller la laitue 2 à 3 minutes au total sur le barbecue à feu moyen.

Couper le poulet en tranches et les déposer sur les cœurs de romaine grillés. Arroser de vinaigrette César, garnir des croûtons et du reste de parmesan râpé, et déguster.

DE LA VINAIGRETTE

CÉSAR MAISON

J'EN MANGERAIS

À LA CUILLÈRE!

LE SECRET DE CETTE RECETTE,

C'EST DU VINAIGRE BALSAMIQUE DE BONNE QUALITÉ.

CULBUTE DE POULET PROSCIUTTO

🐓 🐓 🐓

PRÉPARATION : 50 MINUTES

LE CARBURANT

2 grandes escalopes de poulet
8 tranches de prosciutto

Farce figues, chèvre & pistaches
6 figues fraîches, coupées en 4
¼ tasse (60 ml) fromage de chèvre
2 c. à soupe (30 ml) pistaches rôties,
   hachées grossièrement
1 c. à thé (5 ml) vinaigre balsamique
Sel casher et poivre du moulin

Garnitures
8 figues fraîches, coupées en 2
1 c. à soupe (15 ml) vinaigre balsamique
4 poignées de bébés épinards

Vinaigrette Dijon & miel
1 c. à thé (5 ml) moutarde de Dijon
2 c. à soupe (30 ml) vinaigre balsamique
2 c. à soupe (30 ml) miel
¼ tasse (60 ml) huile d'olive
Sel casher et poivre du moulin

LE PARCOURS

Dans un bol, mélanger les figues, le fromage de chèvre, les pistaches et le balsamique. Assaisonner.

Farcir les escalopes de la préparation aux figues. Refermer les escalopes de poulet autour de la farce.

Étendre quatre tranches de prosciutto côte à côte en les superposant légèrement. Placer une escalope farcie sur le prosciutto. Enrouler le prosciutto autour du poulet, le plus serré possible. Répéter pour l'autre escalope farcie.

Déposer le poulet sur la grille supérieure du barbecue, l'extrémité des tranches de prosciutto contre la grille. Cuire à feu moyen 25 à 30 minutes et retourner la viande quelques fois durant la cuisson.

Enduire les demi-figues d'un peu de balsamique. Griller les figues 2 minutes côté chair. Réserver.

Dans un bol, fouetter la moutarde, le vinaigre et le miel ensemble. Verser l'huile en filet en fouettant vigoureusement. Assaisonner.

Trancher le poulet et le déposer sur un lit de bébés épinards. Arroser de vinaigrette et décorer de figues grillées avant de servir.

OASIS GRILLÉE

LE CARBURANT

1 aubergine, coupée en tranches de ¼ po (0,5 cm)
  d'épaisseur
1 courgette, coupée sur la longueur
  en tranches de ½ po (1 cm) d'épaisseur
2 gousses d'ail, hachées
1 c. à soupe (15 ml) vinaigre balsamique
2 c. à soupe (30 ml) huile d'olive
Sel casher et poivre du moulin
2 poitrines de poulet, ouvertes en 2
  sur l'épaisseur
2 tasses (500 ml) roquette
10 feuilles de menthe, hachées

Vinaigrette poivron & harissa
1 poivron rouge grillé du commerce
1 c. à soupe (15 ml) miel
2 c. à thé (10 ml) harissa
1 c. à soupe (15 ml) vinaigre balsamique
¼ tasse (60 ml) huile d'olive

LE PARCOURS

Avec un pied mélangeur, broyer tous les ingrédients de la vinaigrette au poivron.

Dans un grand bol, mélanger les aubergines, les courgettes, l'ail, le vinaigre et l'huile d'olive. Assaisonner.

Huiler et assaisonner le poulet. Griller les poitrines de poulet à feu vif 7 à 8 minutes en les retournant à mi-cuisson.

Griller les légumes 2 à 3 minutes de chaque côté.

Trancher le poulet et garnir des aubergines, des courgettes, de la roquette et de la menthe hachée. Arroser généreusement le tout de vinaigrette au poivron.

SOYEZ GÉNÉREUX AVEC
LA VINAIGRETTE
C'EST UN DÉLICE!

C'EST NORMAL QUE LE BEURRE FORME DES GRUMEAUX
DANS LA MARINADE LORSQU'ELLE REFROIDIT.
CE N'EST PAS GRAVE, CAR PAR LA SUITE, CES MORCEAUX
DE BEURRE VONT FONDRE DANS LE POULET ET ÇA, C'EST DÉ-LI-CIEUX.

POULET LISBOA

PRÉPARATION : 1 HEURE
MARINADE : 6 À 24 HEURES

LE CARBURANT

1 poulet entier

Marinade piri-piri
⅓ tasse (80 ml) sauce piquante piri-piri
1 oignon
4 gousses d'ail, écrasées au presse-ail
1 c. à thé (5 ml) paprika fumé
2 c. à soupe (30 ml) vinaigre de xérès
Jus de 1 citron
1 c. à soupe (15 ml) sucre
2 c. à thé (10 ml) sel casher
¼ tasse (60 ml) beurre, fondu

LE PARCOURS

Avec un pied mélangeur, broyer tous les ingrédients de la marinade piri-piri.

Placer le poulet sur une surface de travail, poitrine vers le bas. Avec un gros couteau, découper le dos du poulet afin de pouvoir l'ouvrir en crapaudine. Retourner le poulet et presser pour bien l'aplatir. Faire deux incisions dans chaque poitrine et chaque cuisse.

Dans un bol, mélanger le poulet et la marinade. Mettre au réfrigérateur de 6 à 24 heures.

Retirer le poulet de la marinade et le griller 45 à 55 minutes sur le barbecue à feu moyen. Retourner régulièrement le poulet en cours de cuisson et le badigeonner chaque fois de marinade.

Découper et servir.

COCORICO CURRY

PRÉPARATION : 45 MINUTES

LE CARBURANT

2 poitrines de poulet, ouvertes en 2
   sur l'épaisseur

Marinade yogourt & curry
½ tasse (125 ml) yogourt grec nature
2 gousses d'ail, hachées
1 c. à thé (5 ml) poudre de curry
Sel casher et poivre du moulin

Salade à la mangue
2 concombres libanais, émincés
12 tomates cerises, coupées en 2
1 mangue, pelée et coupée en cubes
½ oignon rouge, émincé

Vinaigrette crème-lime-curry
¼ tasse (60 ml) crème 15 % ou lait de coco
Zeste et jus de 1 lime
½ c. à thé (2 ml) poudre de curry
Sel casher et poivre du moulin

LE PARCOURS

Dans un bol, mélanger le yogourt, l'ail et le curry, puis assaisonner. Ajouter le poulet à la préparation et laisser reposer 15 minutes au réfrigérateur.

Combiner tous les ingrédients de la salade.

Combiner tous les ingrédients de la vinaigrette.

Huiler légèrement les grilles du barbecue. Griller le poulet 3 à 4 minutes de chaque côté à feu vif. Mettre à feu moyen et cuire 10 à 12 minutes à cuisson indirecte en retournant les poitrines à mi-cuisson.

Émincer le poulet et le déposer sur la salade. Arroser le tout de vinaigrette et servir.

AILES DE POULET À LA ZION

24 X 🍗

PRÉPARATION : 1 HEURE 15 MINUTES
MARINADE : 6 À 24 HEURES

LE CARBURANT

24 ailes de poulet

Marinade jerk
1 c. à soupe (15 ml) piment de la Jamaïque
1 c. à thé (5 ml) muscade, râpée
1 c. à soupe (15 ml) sel
1 c. à soupe (15 ml) cassonade
4 branches de thym frais, effeuillées
1 c. à thé (5 ml) poivre noir moulu
4 oignons verts, coupés en tronçons
1 piment habanero (Scotch Bonnet),
    épépiné
2 gousses d'ail
¼ tasse (60 ml) huile végétale

LE PARCOURS

Au robot culinaire, broyer tous les ingrédients de la marinade jerk en purée lisse.

Mélanger les ailes de poulet à la marinade. Laisser mariner le poulet de 6 à 24 heures au réfrigérateur.

Cuire les ailes de poulet 10 minutes à feu vif sur le barbecue et les retourner après 5 minutes. Placer les ailes sur la grille supérieure et mettre à feu doux. Continuer la cuisson 45 minutes en retournant les ailes toutes les 10 minutes. Servir.

PLACEZ DES COPEAUX DE BOIS MESQUITE OU HICKORY (TREMPÉS D'ABORD, BIEN-SÛR!) DANS VOTRE FUMOIR POUR LES DERNIÈRES 45 MINUTES DE CUISSON. UNE FAÇON DE VOUS APPROCHER ENCORE PLUS DU GOÛT DU FAMEUX POULET JERK JAMAÏCAIN.

SUMAC TA CAILLE!

PRÉPARATION : 30 MINUTES

LE CARBURANT

6 cailles entières
1 c. à soupe (15 ml) huile végétale
1 citron, coupé en 6

Épices pour les cailles
2 c. à thé (10 ml) paprika doux
1 c. à soupe (15 ml) sumac
1 c. à thé (5 ml) moutarde en poudre
1 c. à soupe (15 ml) sucre
2 c. à thé (10 ml) sel de céleri
1 c. à thé (5 ml) poivre noir moulu

LE PARCOURS

Frotter les cailles avec l'huile.

Dans un bol, mélanger les épices. Avec une petite cuillère, saupoudrer 1 c. à thé (5 ml) d'épices dans chacune des cailles et y placer un morceau de citron. Frotter uniformément les cailles avec le reste des épices.

Griller les cailles 2 minutes de chaque côté sur le barbecue à feu vif. Mettre à feu moyen et terminer la cuisson 10 à 12 minutes sur la grille supérieure du barbecue.

Servir et déguster avec les doigts.

🐂 = UNE PORTION

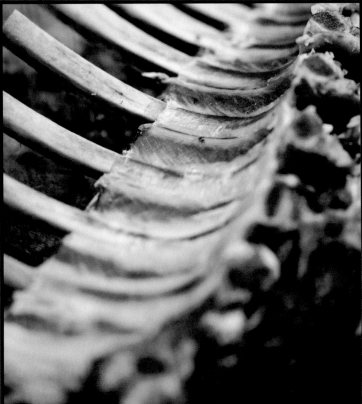

LES ÉPICURIEUX

BOUCHERIE

BAVETTE CHIMICHURRI

PRÉPARATION : 35 MINUTES
MARINADE : 6 À 12 HEURES

LE CARBURANT

1 bavette de bœuf d'environ 14 oz (400 g)

Chimichurri
1½ tasse (375 ml) persil frais avec les tiges
2 gousses d'ail
¼ tasse (60 ml) origan frais
1 c. à thé (5 ml) paprika doux
½ tasse (125 ml) huile d'olive
2 c. à soupe (30 ml) vinaigre de vin rouge ou blanc
1 c. à thé (5 ml) piment fort broyé
Sel casher et poivre du moulin

LE PARCOURS

Avec un pied mélangeur ou au robot culinaire, broyer tous les ingrédients du chimichurri jusqu'à l'obtention d'une texture lisse.

Réserver ¼ tasse (60 ml) de chimichurri et, dans un bol, mélanger le reste avec la bavette de bœuf. Couvrir et laisser mariner au réfrigérateur de 6 à 12 heures (ou une journée de job).

Retirer la bavette de la marinade et la griller sur le barbecue à feu vif 2 à 3 minutes de chaque côté pour bien la saisir. Terminer à cuisson indirecte pendant 7 à 10 minutes selon la cuisson désirée. Couvrir la viande de papier d'aluminium et laisser reposer 5 minutes.

Trancher finement la bavette dans le sens opposé au grain de la viande. Servir avec le chimichurri réservé.

FILET MIGNON ET BEURRES DE FOU

PRÉPARATION : 30 MINUTES

LE CARBURANT

4 morceaux de filet mignon
 d'environ 7 oz (200 g) chacun
Sel casher et poivre du moulin
2 c. à soupe (30 ml) huile végétale

Beurre de fou #1
2 c. à soupe (30 ml) beurre, ramolli
2 c. à soupe (30 ml) fromage bleu, émietté
2 gousses d'ail, hachées
2 c. à soupe (30 ml) ciboulette, émincée

Beurre de fou #2
¼ tasse (60 ml) beurre, ramolli
Zeste et jus de 1 citron
1 c. à thé (5 ml) mélange de quatre poivres, moulu

Beurre de fou #3
¼ tasse (60 ml) beurre, ramolli
1 c. à soupe (15 ml) raifort préparé
1 c. à soupe (15 ml) épices à steak,
 moulues finement
2 c. à soupe (30 ml) persil frais, haché

Beurre de fou #4
2 c. à soupe (30 ml) beurre, ramolli
1 c. à thé (5 ml) huile de truffe
2 c. à soupe (30 ml) parmesan frais, râpé
½ c. à thé (2 ml) vinaigre de xérès

LE PARCOURS POUR LE BEURRE

À l'aide d'une fourchette, combiner tous les ingrédients du beurre de fou choisi. Servir environ 1 c. à soupe (15 ml) ou plus de beurre par portion.

LE PARCOURS POUR LE FILET MIGNON

Tempérer les filets mignons 15 minutes avant de les griller. Assaisonner et huiler la viande. Saisir toutes les faces des pièces de viande à feu vif. Terminer à cuisson indirecte à 250 °F (120 °C) ou à feu doux selon la cuisson désirée. Placer la viande dans du papier d'aluminium et couvrir d'une portion du beurre choisi. Fermer l'aluminium délicatement et laisser reposer 5 minutes. Servir la viande avec le mélange de jus de repos et de beurre fondu au fond du papier d'aluminium. Accompagner d'un bon vin rouge.

Vous pouvez conserver le beurre au réfrigérateur 1 semaine ou le garder au congélateur 3 mois.

BEURRE
DE FOU #4

BEURRE
DE FOU #2

BEURRE
DE FOU #1

BEURRE
DE FOU #3

BEURRE #1 DE FOU

BEURRE #2 DE FOU

BEURRE #3 DE FOU

BEURRE #4 DE FOU

SALADE D'ALONG

PRÉPARATION : 40 MINUTES
MARINADE : 6 À 12 HEURES

LE CARBURANT

14 oz (400 g) bavette de bœuf
Sel casher et poivre du moulin

Marinade à la citronnelle
2 c. à soupe (30 ml) sauce soya
2 c. à soupe (30 ml) citronnelle en tube
  ou fraîche, râpée
2 gousses d'ail, hachées
2 c. à soupe (30 ml) cassonade
1 c. à soupe (15 ml) sauce de poisson nuoc-mâm
1 c. à soupe (15 ml) huile végétale

Salade asiatique
¼ tasse (60 ml) coriandre fraîche, hachée
½ concombre, coupé en julienne ou en rondelles
2 carottes, pelées et coupées en julienne
2 portions de vermicelles de riz, cuits et refroidis
2 tasses (500 ml) bébés épinards
4 c. à soupe (60 ml) huile d'olive
3 c. à soupe (45 ml) vinaigre de riz
1 c. à soupe (15 ml) gingembre mariné, haché
1 c. à thé (5 ml) sambal oelek
2 c. à soupe (30 ml) arachides, hachées

LE PARCOURS

Dans un bol, mélanger tous les ingrédients de la marinade. Mélanger la bavette à la marinade et mettre au réfrigérateur de 6 à 12 heures.

Dans un autre bol, combiner tous les ingrédients de la salade, sauf les arachides.

Retirer la bavette de la marinade et assaisonner. Griller à feu vif 2 à 3 minutes de chaque côté pour bien saisir la viande. Terminer à cuisson indirecte pendant 7 à 10 minutes, selon la cuisson désirée. Badigeonner la bavette du reste de marinade durant la cuisson. Couvrir la viande de papier d'aluminium et laisser reposer 5 minutes.

Trancher finement la bavette et disposer sur un lit de salade. Garnir d'arachides hachées et servir.

BÛCHES DE BŒUF DES SOUS-BOIS

PRÉPARATION : 1 HEURE 15 MINUTES
MARINADE : 4 À 8 HEURES

LE CARBURANT

1 ⅓ lb (600 g) surlonge de bœuf
¼ tasse (60 ml) crème à cuisson 15 %

Marinade Dijon-Worcestershire
3 c. à soupe (45 ml) moutarde de Dijon
1 c. à soupe (15 ml) sauce Worcestershire
3 gousses d'ail, hachées
⅓ tasse (80 ml) huile d'olive
2 c. à soupe (30 ml) vinaigre de vin rouge

Farce champignons, vin blanc & cheddar
1 c. à soupe (15 ml) huile d'olive
2 tasses (500 ml) pleurotes, émincés
2 échalotes, ciselées
2 gousses d'ail, hachées
½ tasse (125 ml) vin blanc
½ tasse (125 ml) cheddar fort, râpé
1 tasse (250 ml) mie de pain,
  coupée en petits morceaux
Sel casher et poivre du moulin

LE PARCOURS

Entailler la surlonge de bœuf sur l'épaisseur afin de l'ouvrir en un grand rectangle. Aplatir la viande au besoin. Dans un bol, mélanger tous les ingrédients de la marinade. Laisser mariner la viande 4 à 8 heures au réfrigérateur.

Dans une poêle, chauffer l'huile d'olive à feu vif et faire revenir les champignons, les échalotes et l'ail 4 à 5 minutes. Déglacer au vin blanc et continuer la cuisson 3 à 4 minutes. Retirer du feu. Réserver ¼ tasse (60 ml) de la préparation aux champignons pour la sauce. Ajouter le fromage et la mie de pain au reste de la préparation pour compléter la farce. Remuer et assaisonner.

Retirer l'excédent de marinade de la viande et la placer à plat sur une surface de travail. Étaler la farce en formant un rouleau au centre de la pièce de viande et refermer celle-ci sur la farce. Ficeler la pièce de bœuf. Sur le barbecue, griller la viande 10 minutes à feu vif et la retourner de tous les côtés afin de bien la saisir. Terminer à cuisson indirecte à feu vif pendant 10 minutes. Couvrir la viande d'un papier d'aluminium et laisser reposer 10 minutes.

Placer les champignons réservés dans une petite poêle avec la crème. Porter à ébullition et ajouter le jus de repos de la viande. Trancher le bœuf farci et servir nappé de sauce aux champignons.

TROUVEZ DE LA POUDRE DE CHAMPIGNONS SAUVAGES
DANS UNE BOUTIQUE D'ÉPICES SPÉCIALISÉE
ET METTEZ-EN 1 C. À THÉ (5 ML) DANS LA SAUCE.

C'EST DE LA PURE MAGIE!

ENTRECÔTES EXPRESSO

PRÉPARATION : 35 MINUTES
MARINADE : 10 MINUTES

LE CARBURANT

4 entrecôtes de bœuf
2 gros oignons, pelés et coupés en rondelles
   de ½ po (1 cm) d'épaisseur
¼ tasse (60 ml) sauce BBQ

Assaisonnement à l'expresso
1 c. à soupe (15 ml) café expresso, moulu
3 c. à soupe (45 ml) cassonade non tassée
2 c. à thé (10 ml) poivre noir, concassé
½ c. à thé (2 ml) coriandre moulue
½ c. à thé (2 ml) origan séché
½ c. à thé (2 ml) sel casher

LE PARCOURS

Dans un bol, mélanger tous les ingrédients de l'assaisonnement à l'expresso.

Bien frotter les entrecôtes avec l'assaisonnement. Laisser reposer au réfrigérateur au moins 10 minutes.

Badigeonner les rondelles d'oignons de sauce BBQ. Huiler les grilles du barcebue et griller les rondelles d'oignons à feu vif 3 à 4 minutes de chaque côté.

Tempérer les entrecôtes 5 minutes avant de les griller. Saisir les entrecôtes sur les deux côtés à feu vif. Terminer à cuisson indirecte, à feu doux, jusqu'à atteindre la cuisson désirée. Couvrir la viande de papier d'aluminium et laisser reposer 5 minutes avant de servir.

Servir la viande accompagnée des oignons BBQ.

TACOS STEAK, CORIANDRE & LIME

PRÉPARATION : 15 MINUTES
MARINADE : 2 À 8 HEURES

LE CARBURANT

14 oz (400 g) surlonge de bœuf
Sel casher et poivre du moulin
16 petites tortillas de maïs

Marinade lime & coriandre
2 c. à soupe (30 ml) huile d'olive
Zeste et jus de 2 limes
1 c. à thé (5 ml) cumin
1 c. à thé (5 ml) poudre de chili
⅓ tasse (80 ml) coriandre fraîche, hachée
1 c. à soupe (15 ml) épices à steak

Garnitures
Crème sure
Tomates, coupées en dés
Guacamole
Fromage au choix, râpé

LE PARCOURS

Dans un bol, mélanger tous les ingrédients de la marinade. Trancher la viandes en escalopes minces et mélanger à la marinade. Placer au réfrigérateur de 2 à 8 heures.

Sur le barbecue, griller les tranches de bœuf à feu vif 1 ou 2 minutes de chaque côté. Assaisonner. Retirer du gril et émincer les tranches en fines lanières. Griller les tortillas sur le barbecue quelques-unes à la fois. Garnir les tacos au goût.

JOÉ

GISELLE

LES TACOS, C'EST LE REPAS FAVORI DE MES ENFANTS.

LILI

UNE FÊTE À CHAQUE FOIS!

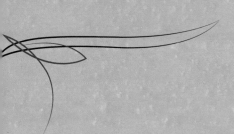
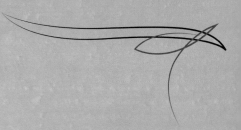

TATAKI TARTARE

PRÉPARATION : 30 MINUTES

LE CARBURANT

⅔ lb (300 g) poire de bœuf ou filet de surlonge

2 c. à soupe (30 ml) mélange de grains
  de 4 poivres

1 c. à soupe (15 ml) sel casher

1 c. à soupe (15 ml) vinaigre balsamique

1 c. à soupe (15 ml) huile d'olive

1 sac de croustilles nature à l'ancienne

Sauce tartare

1 jaune d'œuf

1 c. à soupe (15 ml) moutarde à l'ancienne

2 c. à thé (10 ml) vinaigre de xérès

⅓ tasse (80 ml) huile végétale

2 c. à soupe (30 ml) ciboulette, ciselée

1 échalote, ciselée

2 c. à soupe (30 ml) petits cornichons
  français, hachés

1 c. à soupe (15 ml) câpres, rincées et hachées

1 c. à thé (5 ml) raifort préparé

1 c. à thé (5 ml) sauce Worcestershire

8 gouttes de sauce Tabasco

Sel casher et poivre du moulin

LE PARCOURS

Pour la sauce tartare, dans un bol, fouetter le jaune d'œuf, la moutarde et le vinaigre 1 minute. Verser l'huile en filet en fouettant énergiquement afin d'obtenir une sauce onctueuse. Ajouter le reste des ingrédients et assaisonner.

Couper la viande en deux afin d'obtenir deux longs morceaux de 2 po (5 cm) de diamètre. Moudre le poivre et mélanger avec le sel. Placer dans une assiette. Arroser le bœuf de vinaigre balsamique. Rouler la viande dans les assaisonnements, puis arroser d'huile d'olive. Saisir chaque pièce de viande à feu vif, 30 secondes de chaque côté, pour une cuisson totale de 2 minutes.

Retirer du feu et trancher la viande le plus finement possible. Disposer dans une assiette, arroser de sauce tartare et accompagner de croustilles nature. Déguster.

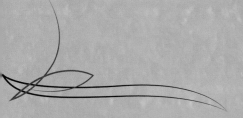

ONGLET CIPOLLINIS

LE CARBURANT

2 portions d'onglet de bœuf
  d'environ 7 oz (200 g) chacune
8 oignons cipollinis, pelés et coupés en 2
  sur l'épaisseur

Marinade bière & moutarde
1 bouteille (330 ml) bière Newcastle
1 c. à thé (5 ml) concentré de bouillon de bœuf
1 c. à soupe (15 ml) gingembre frais, pelé et haché
2 c. à soupe (30 ml) moutarde à l'ancienne
1 c. à soupe (15 ml) sucre

LE PARCOURS

Dans un bol, combiner la bière, le concentré de bouillon, le gingembre, la moitié de la moutarde et le sucre. Ajouter les pièces de bœuf et laisser mariner au réfrigérateur de 6 à 12 heures.

Retirer la viande de la marinade. Sur le barbecue à feu vif, saisir les onglets de bœuf et les cipollinis 1 minute de chaque côté.

Continuer la cuisson des onglets sur le barbecue à feu moyen de 6 à 8 minutes, selon la cuisson désirée. Retourner les onglets à mi-cuisson.

Pendant ce temps, transférer la marinade dans une petite casserole. Ajouter les cipollinis grillés et porter à ébullition. Laisser réduire jusqu'à l'obtention d'une sauce onctueuse. Ajouter le reste de la moutarde à la fin de la cuisson.

Couvrir la viande de papier d'aluminium et laisser reposer 5 minutes. Servir les onglets accompagnés de sauce à la bière.

UN PLAT D'AUTOMNE SUR LE BARBECUE

PORC

🐷 = UNE PORTION

PORC

PORC DU PETIT DRAGON

▼ ▼ ▼ ▼

LE CARBURANT

1 filet de porc
1 brocoli, coupé en bouquets longs et minces
2 c. à soupe (30 ml) huile végétale
2 c. à soupe (30 ml) vinaigre de riz
Sel casher et poivre du moulin

Marinade BBQ asiatique
¼ tasse (60 ml) sauce BBQ
2 c. à soupe (30 ml) beurre d'arachides
2 c. à soupe (30 ml) sauce soya
2 c. à soupe (30 ml) gingembre frais, pelé et haché
2 gousses d'ail, hachées
1 c. à soupe (15 ml) vinaigre de riz

LE PARCOURS

Dans un bol, combiner tous les ingrédients de la marinade BBQ asiatique à l'exception du vinaigre de riz. Mélanger ¼ de tasse (60 ml) de marinade avec le vinaigre de riz et réserver pour le service. Couvrir le filet de porc du reste de la marinade.

Mélanger les bouquets de brocoli avec l'huile végétale.

Sur le barbecue, griller la viande à feu moyen 12 à 15 minutes. Retourner et badigeonner le filet de marinade quelques fois pendant la cuisson. Couvrir la viande de papier d'aluminium et laisser reposer 5 minutes.

Griller les bouquets de brocoli 6 à 8 minutes à feu moyen. Placer les légumes dans un bol et les arroser de vinaigre de riz. Assaisonner.

Trancher le porc et verser le jus de repos dans la marinade réservée. Servir le porc accompagné de sauce et de brocoli grillé.

SALADE PRINTEMPS-ÉTÉ

LE CARBURANT

1 filet de porc

Assaisonnement épices & érable
1 c. à thé (5 ml) piment de la Jamaïque
1 c. à thé (5 ml) paprika doux
1 c. à thé (5 ml) origan frais, haché
1 c. à soupe (15 ml) sirop d'érable
1 c. à thé (5 ml) huile d'olive
Sel casher et poivre noir du moulin

Salade asperges & nectarines
3 nectarines, coupées en quartiers
15 tomates cerises, coupées en 2
¼ tasse (60 ml) amandes, rôties
  et hachées grossièrement
Sel casher et poivre noir du moulin
20 asperges fines, parées

Vinaigrette cidre & érable
2 c. à soupe (30 ml) huile d'olive
2 c. à soupe (30 ml) vinaigre de cidre
1 c. à soupe (15 ml) sirop d'érable
2 gousses d'ail, hachées
Sel casher et poivre noir du moulin

LE PARCOURS

Dans un bol, mélanger tous les ingrédients de l'assaisonnement. Frotter le filet de porc avec la préparation. Laisser reposer 15 minutes au réfrigérateur.

Dans un grand bol, mélanger tous les ingrédients de la salade, sauf les asperges, avec tous les ingrédients de la vinaigrette.

Sur le barbecue, griller le filet de porc 15 minutes à feu moyen en le tournant quelques fois pendant la cuisson. Huiler légèrement les asperges et les griller 3 à 4 minutes, en même temps que le filet de porc. Couvrir la viande de papier d'aluminium et laisser reposer 5 minutes. Trancher finement le filet de porc.

Ajouter les asperges grillées, le porc et son jus à la salade. Mélanger et servir.

LONGE FUMÉE AUX 2 PAPRIKAS

▼ ▼ ▼ ▼ ▼ ▼ ▼ ▼

PRÉPARATION : 1 HEURE 30 MINUTES
MARINADE : 30 MINUTES
TREMPAGE DU BOIS : 1 HEURE

LE CARBURANT

4 tasses (1 l) copeaux de bois hickory,
de pommier ou au Jack Daniel's
1 longe de porc d'environ 4½ lb (2 kg)

Laque aux 2 paprikas & lime
2 c. à thé (10 ml) paprika fumé
1 c. à soupe (15 ml) paprika doux
1 c. à thé (5 ml) poudre de chili
2 c. à soupe (30 ml) huile végétale
Zeste et jus de 2 limes
½ tasse (125 ml) cassonade
2 c. à thé (10 ml) sel casher
1 c. à thé (5 ml) poivre noir moulu

LE PARCOURS POUR LE FUMAGE

Pour fumer la viande, tremper les copeaux de bois au moins 1 heure dans l'eau. Ajouter ¼ tasse (60 ml) de Jack Daniel's à l'eau pour parfumer encore plus les copeaux. Égoutter les copeaux au moment de la cuisson.

Placer les copeaux dans une assiette en aluminium ou une papillote de papier d'aluminium percée, ou simplement dans le fumoir du barbecue, si possible. Placer le contenant en aluminium sur la grille, dans la partie la plus chaude du barbecue, ou allumer le brûleur du fumoir. Ajouter des copeaux de bois pendant la cuisson lorsqu'il n'y a plus de fumée.

LE PARCOURS POUR LA LONGE

Dans un bol, combiner tous les ingrédients de la laque. Frotter la longe de porc avec la préparation et laisser reposer 30 minutes au réfrigérateur.

Embrocher la longe de porc sur la tige de la rôtissoire ou chauffer le barbecue à feu moyen pour une cuisson indirecte. Fermer le couvercle du barbecue et cuire environ 1 h 15 min ou jusqu'à ce que la température interne du porc atteigne 136 °F (58 °C).

Couvrir la viande de papier d'aluminium et laisser reposer 5 minutes avant de trancher et de servir.

« POPPERS » À L'ITALIENNE

18 X 🌶

PRÉPARATION : 45 MINUTES

LE CARBURANT

4 saucisses italiennes douces ou piquantes

½ tasse (125 ml) parmesan frais, râpé

9 piments jalapeños, coupés en 2 sur la longueur et épépinés

9 tranches de bacon, coupées en 2

Sauce marinara

2 c. à soupe (30 ml) huile d'olive

3 gousses d'ail, coupées en 4

1 boîte de 796 ml de tomates entières, égouttées

2 branches d'origan frais, effeuillées

1 c. à thé (5 ml) sucre

Sel casher et poivre du moulin

LE PARCOURS

Faire une incision le long de chaque saucisse et en extraire la chair. Dans un bol, mélanger la chair de saucisse avec le fromage râpé.

Farcir les demi-jalapeños avec la préparation de saucisse. Enrouler chaque piment farci dans une demi-tranche de bacon pour bien maintenir la farce en place.

Sur le barbecue, griller les piments farcis 12 à 15 minutes à feu indirect et les retourner régulièrement durant la cuisson.

Pour la sauce marinara, dans une petite casserole, chauffer l'huile à feu moyen et cuire les morceaux d'ail 4 à 5 minutes afin de les rôtir sans les brûler. Ajouter les tomates, l'origan et le sucre. Assaisonner et laisser mijoter 20 minutes à feu doux. Broyer la sauce avec un pied mélangeur et la servir chaude ou froide avec les jalapeños farcis.

ESCALOPES DE SANTORINI

PRÉPARATION : 30 MINUTES

LE CARBURANT

2 c. à soupe (30 ml) huile végétale
Sel casher et poivre du moulin
8 escalopes de porc sans os de ½ po (1 cm)
   d'épaisseur

Salade de fenouil
1 bulbe de fenouil
Zeste et jus de 1 citron
2 c. à soupe (30 ml) huile d'olive
1 c. à soupe (15 ml) sirop d'érable
Sel casher et poivre du moulin

Pesto aux tomates séchées
2 gousses d'ail, hachées
½ tasse (125 ml) tomates séchées dans l'huile,
   hachées
¼ tasse (60 ml) noix de Grenoble, hachées
1 échalote, ciselée
1 c. à thé (5 ml) harissa
2 c. à soupe (30 ml) parmesan frais, râpé
⅓ tasse (80 ml) huile d'olive

LE PARCOURS

Couper la partie supérieure du fenouil, récupérer le feuillage et le hacher finement. Trancher le bulbe de fenouil finement à la mandoline. Dans un grand bol, mélanger tous les ingrédients de la salade. Assaisonner.

Dans un bol, mélanger tous les ingrédients du pesto aux tomates séchées.

Huiler et assaisonner les escalopes de porc des deux côtés.

Sur le barbecue, à feu vif, griller les escalopes de porc 3 minutes de chaque côté. Garnir généreusement de pesto et de salade de fenouil. Servir.

PORC À LA MARMELADE

▼▼▼▼

PRÉPARATION : 30 MINUTES
MARINADE : 30 MINUTES À 12 HEURES

LE CARBURANT

4 côtelettes de porc avec l'os
   d'environ 1 po (2 cm) d'épaisseur
½ tasse (125 ml) crème 15 % épaisse
   ou crème 35 %
Sel casher et poivre du moulin
10 feuilles de basilic, émincées

Marinade orange & gingembre
2 c. à soupe (30 ml) huile végétale
½ tasse (125 ml) marmelade d'orange
2 gousses d'ail, hachées
2 c. à soupe (30 ml) gingembre frais, pelé et haché
1 c. à thé (5 ml) poudre de chili
Zeste et jus de 2 limes

LE PARCOURS

Dans un bol, mélanger tous les ingrédients de la marinade, à l'exception de la crème et du basilic. Ajouter les côtelettes de porc et bien mélanger. Placer au réfrigérateur de 30 minutes à 12 heures.

Retirer les côtelettes de la marinade et verser l'excédent de marinade dans une petite casserole avec la crème. Assaisonner les côtelettes et la sauce.

Sur le barbecue, à feu vif, griller les côtelettes 2 minutes de chaque côté. Terminer la cuisson à feu moyen pour 5 à 6 minutes de chaque côté. Couvrir la viande de papier d'aluminium et laisser reposer 5 minutes.

Porter la sauce à ébullition 1 minute, retirer du feu, puis ajouter le basilic frais et remuer. Servir les côtelettes nappées de sauce.

LE PORC À MARIO

PRÉPARATION : 15 MINUTES
CUISSON : 4 HEURES

LE CARBURANT

1 morceau de couenne de porc assez grand
   pour couvrir le rôti
   (demandez à votre boucher favori : Mario!)
1 rôti de longe de porc d'environ 6 lb (2,7 kg)

Assaisonnement pour le porc à Mario
2 c. à soupe (30 ml) sel casher
2 c. à soupe (30 ml) poivre noir moulu
2 c. à soupe (30 ml) poudre d'ail
2 c. à soupe (30 ml) paprika doux
2 c. à soupe (30 ml) moutarde en poudre
6 branches de romarin frais, effeuillées

LE PARCOURS

Mélanger toutes les épices et le romarin dans un petit bol.

Sur une surface de travail, étendre la couenne côté gras vers le haut. Assaisonner le centre de la couenne avec le mélange d'épices. Envelopper le rôti dans la couenne en superposant les extrémités. Couper l'excédent de couenne et ficeler le rôti.

Sur le barbecue, cuire le rôti à cuisson indirecte à 200 °F (93 °C) pendant 4 heures ou jusqu'à ce que le centre de la viande atteigne 158 °F (70 °C).

Retirer la couenne, trancher et servir le porc ultra juteux aux invités.

« Si vous manquez de temps, augmentez la température du barbecue à 350 °F (175 °C) et laissez cuire pendant 2 heures. Personnellement, je préfère une cuisson plus lente pour une viande plus juteuse. » - Mario Hudon, boucherie Les Épicurieux, Île Bizard.

EN PLUS DE CONCENTRER TOUTES LES SAVEURS DANS LA VIANDE,
LA COUENNE PERMET DE NE PAS BRÛLER LA VIANDE SI JE L'OUBLIE.

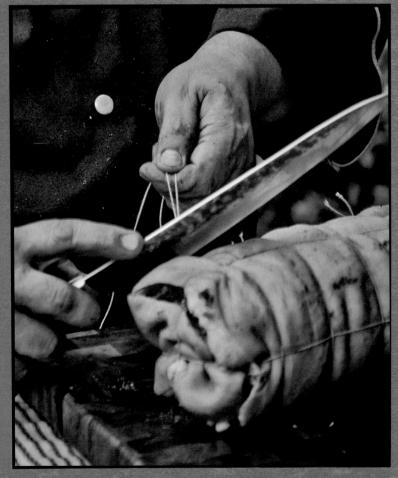

LE PORC À MARIO

RIBS DU CAPITAINE JACK

♥ ♥ ♥ ♥

PRÉPARATION : 2 HEURES
MARINADE : 6 À 24 HEURES

LE CARBURANT

2 pièces de côtes levées de porc, coupées en 2
1 oignon, coupé en 4
4 gousses d'ail, écrasées
2 branches de thym frais
1 feuille de laurier

Sauce BBQ au Jack
¼ tasse (60 ml) cassonade
2 c. à soupe (30 ml) vinaigre de cidre
2 c. à soupe (30 ml) jus de citron
2 c. à soupe (30 ml) sauce Worcestershire
1 c. à thé (5 ml) sel casher
1 c. à thé (5 ml) moutarde en poudre
¼ tasse (60 ml) Jack Daniel's
   ou autre whisky ou bourbon
½ tasse (125 ml) mélasse
½ tasse (125 ml) ketchup
1 c. à soupe (15 ml) sambal oelek

LE PARCOURS

Placer les côtes levées dans une casserole et couvrir d'eau. Ajouter l'oignon, l'ail, le thym et le laurier. Porter à ébullition et laisser mijoter à feu doux 1 h 15 min. Égoutter les côtes levées.

Dans un bol, mélanger tous les ingrédients de la sauce BBQ.

Laisser mariner les côtes levées dans la sauce BBQ de 6 à 24 heures au réfrigérateur.

Retirer les côtes de la sauce BBQ et verser celle-ci dans une petite casserole. Laisser mijoter doucement jusqu'à ce que la sauce soit épaisse.

À cuisson indirecte, cuire les côtes marinées 20 à 30 minutes sur le barbecue à feu moyen, et les badigeonner régulièrement de sauce BBQ. Servir.

UTILISEZ UN SAC ZIPLOC
POUR MARINER LES CÔTES LEVÉES.

SANDWICH DU ROI

▼ ▼ ▼ ▼

PRÉPARATION : 30 MINUTES
MARINADE : 1 HEURE

LE CARBURANT

14 oz (400 g) échine de porc, tranchée
  très finement
4 pains kaiser
1 c. à soupe (15 ml) huile d'olive
2 c. à soupe (30 ml) mayonnaise
1 gousse d'ail, écrasée au presse-ail
4 tranches de cheddar fort
2 tomates, tranchées

Marinade chipotle, orange & paprika
2 piments chipotles dans la sauce adobo, hachés
1 c. à soupe (15 ml) vinaigre de vin blanc
Jus de 1 orange
2 gousses d'ail, hachées
1 oignon, ciselé
1 c. à thé (5 ml) paprika doux
Sel casher et poivre du moulin

LE PARCOURS

Aplatir les tranches d'échine afin qu'elles soient le plus minces possible.

Dans un bol, mélanger tous les ingrédients de la marinade et y mettre les tranches de porc. Pour un maximum de saveur, mariner au moins 1 heure au réfrigérateur.

Couper les pains en deux et les badigeonner d'huile d'olive. Griller les pains sur le barbecue à feu vif. Réserver.

Retirer les tranches de porc de la marinade et les griller 1 minute de chaque côté sur le barbecue à feu vif.

Mélanger la mayonnaise avec l'ail pressé.

Garnir les pains de porc grillé, couvrir d'une tranche de fromage, puis ajouter quelques tranches de tomate et de la mayonnaise à l'ail. Refermer les sandwichs et déguster.

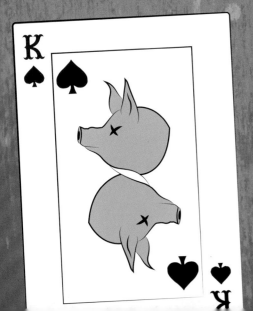

AGNEAU

 = UNE PORTION

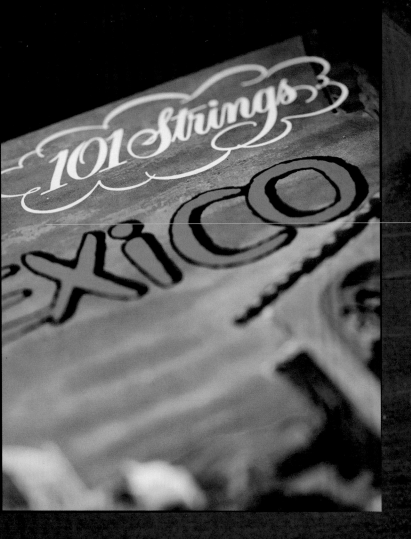

SUPER NOÉMIE!

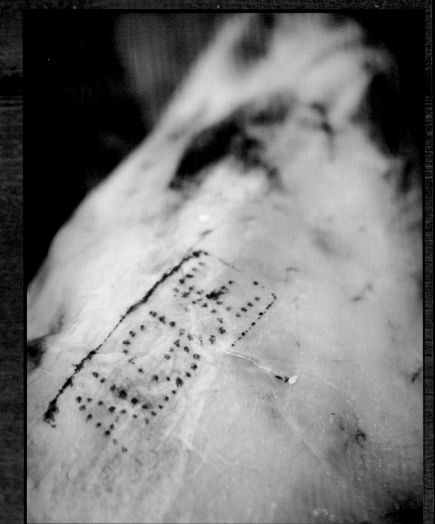

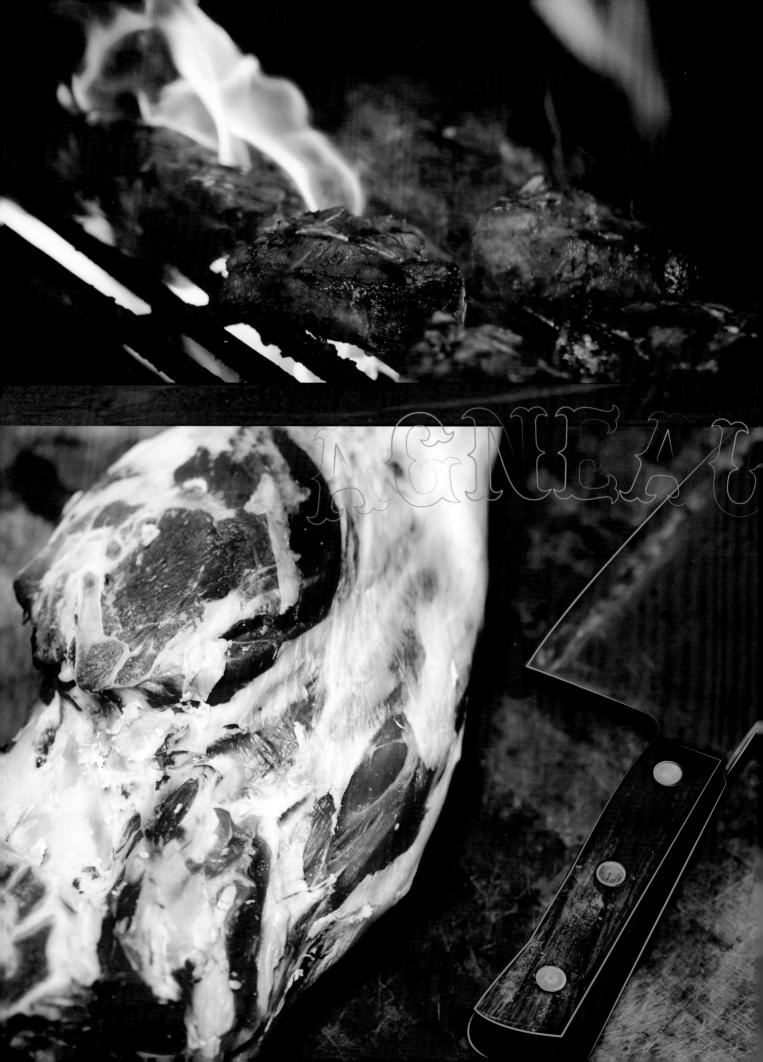

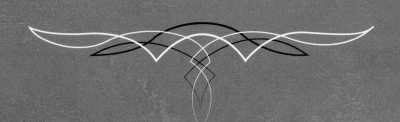

BURGER SOUVLAKI

▼ ▼ ▼ ▼

PRÉPARATION : 30 MINUTES
MARINADE : 20 MINUTES

LE CARBURANT

4 ou 6 pains à burger
2 c. à soupe (30 ml) huile d'olive

Boulettes d'agneau
1 c. à soupe (15 ml) beurre
1 oignon, ciselé
3 gousses d'ail, hachées
2 c. à soupe (30 ml) vinaigre de vin rouge
2 lb (1 kg) agneau haché du commerce
  ou haché maison pour une cuisson rosée
3 c. à soupe (45 ml) origan séché
2 c. à soupe (30 ml) persil frais, haché
2 c. à soupe (30 ml) menthe fraîche, hachée
Sel casher et poivre du moulin

Garnitures
Fromage de chèvre
Poivrons rouges grillés du commerce
Aubergines marinées
Tomates tranchées

LE PARCOURS

Dans une petite poêle, faire fondre le beurre et faire revenir l'oignon et l'ail 2 à 3 minutes. Ajouter le vinaigre et retirer du feu.

Dans un bol, mélanger l'agneau et les fines herbes, puis assaisonner. Ajouter la préparation d'oignon et d'ail. Façonner quatre à six galettes de viande. Couvrir et laisser reposer au moins 20 minutes au réfrigérateur.

Huiler légèrement les grilles du barbecue. Griller les boulettes à feu vif 2 minutes de chaque côté. Terminer à cuisson indirecte pendant 8 à 10 minutes, selon l'épaisseur des boulettes.

Badigeonner les pains d'huile d'olive et les griller sur le barbecue. Garnir le burger de fromage de chèvre et d'autres garnitures au choix.

J'AIME BIEN HACHER
MON AGNEAU À LA MAIN,
COMME ÇA, JE PEUX LE MANGER
ROSÉ ET C'EST BIEN MEILLEUR.

CÔTELETTES GIN ROMARIN

PRÉPARATION : 40 MINUTES
MARINADE : 30 MINUTES

LE CARBURANT

12 côtelettes d'agneau
Sel casher et poivre du moulin

Marinade gin & romarin
2 c. à soupe (30 ml) huile d'olive
1 branche de romarin frais, hachée
2 c. à soupe (30 ml) gin
2 gousses d'ail, hachées

Salade artichauts & grelots
8 pommes de terre grelots
6 cœurs d'artichaut, égouttés et coupés en 4
1 c. à soupe (15 ml) huile d'olive
Jus de 1 citron
2 c. à soupe (30 ml) crème sure
2 c. à thé (10 ml) moutarde de Dijon
2 c. à soupe (30 ml) ciboulette, émincée
Sel casher et poivre du moulin

LE PARCOURS

Dans une casserole, couvrir les pommes de terre d'eau et porter à ébullition 10 minutes. Égoutter et laisser refroidir.

Dans un bol, mélanger l'huile, le romarin, le gin et l'ail. Badigeonner généreusement les côtelettes d'agneau de la marinade. Laisser reposer au moins 30 minutes au réfrigérateur.

Couper les pommes de terre en quatre, puis les mélanger avec les artichauts et les autres ingrédients de la salade.

Assaisonner les côtelettes et, sur le barbecue, les griller 6 minutes à feu vif en les retournant à mi-cuisson. Couvrir la viande de papier d'aluminium et laisser reposer 5 minutes. Servir accompagné de la salade artichauts et grelots.

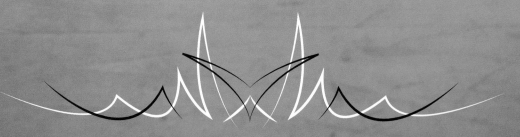

CARRÉ ZAATAR STYLE

LE CARBURANT

1 c. à soupe (15 ml) huile végétale
1 carré d'agneau
Sel casher et poivre du moulin
1 c. à soupe (15 ml) moutarde de Dijon
¼ tasse (60 ml) zaatar

Carpaccio de betteraves
2 betteraves moyennes, cuites, pelées
  et coupées en tranches minces
¼ tasse (60 ml) féta, émiettée
½ oignon rouge, émincé finement
2 c. à soupe (30 ml) menthe fraîche, hachée
Sel casher et poivre du moulin

Vinaigrette au citron
Jus de ½ citron
¼ tasse (60 ml) huile d'olive
1 c. à soupe (15 ml) miel
Sel et poivre

LE PARCOURS

Dans un petit bol, mélanger tous les ingrédients de la vinaigrette au citron.

Pour le carpaccio, dans une grande assiette, placer les tranches de betteraves côte à côte. Garnir de féta, d'oignon rouge et de menthe. Assaisonner.

Huiler le carré d'agneau et l'assaisonner. Le griller sur le barbecue à feu vif 2 minutes de chaque côté afin de bien le saisir. Badigeonner la viande de moutarde de Dijon, puis la couvrir de zaatar. Continuer à cuisson indirecte, à feu moyen, durant 10 à 12 minutes. Couvrir la viande de papier d'aluminium et laisser reposer 5 minutes.

Trancher le carré d'agneau en côtelettes et disposer sur le carpaccio. Arroser le tout de vinaigrette au citron et servir.

AGNEAU TOUT-TERRAIN

PRÉPARATION : 1 HEURE
MARINADE : 12 À 24 HEURES

LE CARBURANT

1 épaule d'agneau désossée d'environ 2 lb (1 kg)
2 c. à soupe (30 ml) huile végétale

Assaisonnement à agneau
1 c. à soupe (15 ml) paprika doux
1 c. à thé (5 ml) graines de coriandre
1 c. à thé (5 ml) poivre noir moulu
1 c. à thé (5 ml) romarin séché
1 c. à soupe (15 ml) origan séché
2 c. à thé (10 ml) poudre d'oignon
1 c. à thé (5 ml) poudre d'ail
1 c. à soupe (15 ml) sel casher
2 c. à soupe (30 ml) sucre

LE PARCOURS

Avec une brochette ou un petit couteau, piquer la viande afin de permettre à l'assaisonnement de bien pénétrer.

Mélanger tous les ingrédients de l'assaisonnement et bien en frotter la pièce d'agneau.

Mettre dans un sac hermétique et laisser reposer la viande de 12 à 24 heures au réfrigérateur.

Frotter la pièce d'agneau avec un peu d'huile végétale juste avant la cuisson.

Chauffer le barbecue pour une cuisson indirecte à feu moyen. Cuire 30 minutes en retournant l'épaule à mi-cuisson. Terminer ensuite la cuisson de la viande sur la flamme à feu vif durant 5 à 10 minutes afin qu'elle soit bien grillée. Couvrir la viande de papier d'aluminium et laisser reposer 10 minutes avant de la trancher. Arroser la viande de son jus et servir.

N'OUBLIEZ SURTOUT PAS D'UTILISER LES RESTES DE CE RÔTI POUR FAIRE DES SANDWICHS!

POISSONS
& FRUITS DE MER

= UNE PORTION

POISSONS
& FRUITS DE MER

Rillettes de
Maquereau
AU CITRON VERT

Mousse de

CHEZ CAVOS

POISSONNERIE

VIVANEAU FARCI AU SOLEIL

PRÉPARATION : 40 MINUTES

LE CARBURANT

1 vivaneau entier écaillé et nettoyé
1 c. à soupe (15 ml) huile végétale
1 citron, coupé en 4
1 c. à soupe (15 ml) sucre

**Farce aux tomates séchées
& amandes au tamari**
4 oignons verts, émincés finement
6 tomates séchées, hachées
½ tasse (125 ml) persil frais, haché
2 gousses d'ail, hachées
2 c. à soupe (30 ml) chapelure
1 c. à thé (5 ml) sambal oelek
Jus de ½ citron
1 c. à soupe (15 ml) moutarde de Dijon
2 c. à soupe (30 ml) huile d'olive
Sel casher et poivre du moulin
¼ tasse (60 ml) amandes au tamari,
  hachées grossièrement

LE PARCOURS

Dans un bol, mélanger tous les ingrédients de la farce.

Entailler la chair du vivaneau trois fois sur chaque filet. Insérer de la farce dans les entailles et frotter légèrement la peau du poisson avec la farce. Mettre le reste de la farce à l'intérieur du poisson.

Enduire le poisson d'huile végétale. Sur le barbecue, griller le poisson à feu moyen 6 minutes de chaque côté, pour un vivaneau de taille moyenne.

Passer les quartiers de citron dans un peu de sucre et les griller 1 minute de chaque côté.

Servir le vivaneau avec les quartiers de citron grillés.

SAUMON & PÊCHES BBQ

PRÉPARATION : 30 MINUTES
REPOS : 15 MINUTES

LE CARBURANT

4 pavés de saumon avec la peau
3 pêches, dénoyautées et coupées en 4
1 c. à thé (5 ml) huile d'olive
4 tasses (1 l) mesclun
¼ tasse (60 ml) féta, émiettée
¼ tasse (60 ml) noix de Grenoble, rôties

Assaisonnement à saumon
2 c. à thé (10 ml) graines de coriandre
2 c. à thé (10 ml) grains de poivre rose
1 c. à soupe (15 ml) grains de poivre noir
2 c. à soupe (30 ml) huile d'olive
2 c. à soupe (30 ml) miel
½ c. à thé (2 ml) sel casher
¼ tasse (60 ml) aneth frais, haché

Vinaigrette simple
¼ tasse (60 ml) huile d'olive
2 c. à soupe (30 ml) vinaigre de xérès
Sel casher et poivre du moulin

LE PARCOURS

Au mortier, broyer les graines de coriandre, le poivre rose et le poivre noir. Dans un bol, mélanger tous les ingrédients de l'assaisonnement à saumon afin de former une pâte, puis en frotter la chair du poisson. Placer au réfrigérateur pour au moins 15 minutes.

Dans un autre bol, mélanger les quartiers de pêches avec l'huile d'olive.

Dans un petit bol, fouetter ensemble les ingrédients de la vinaigrette. Réserver.

Bien huiler les grilles du barbecue. Griller le saumon côté peau 5 minutes à feu doux. Ajouter les pêches sur le gril, fermer le couvercle et continuer la cuisson 4 minutes.

Mélanger le mesclun avec la féta et les noix de Grenoble.

Servir les pavés de saumon sur un lit de salade. Garnir des pêches et arroser généreusement le tout de vinaigrette.

SAUMON ÉRABLE & CALVADOS

PRÉPARATION : 40 MINUTES
TREMPAGE DU BOIS : 4 HEURES

LE CARBURANT

1 planche de cèdre non traité
  exprès pour la cuisson au barbecue
1¾ lb (800 g) filet de saumon frais
  dans la partie épaisse

Laque à l'érable et au calvados
½ tasse (125 ml) sirop d'érable
½ tasse (125 ml) calvados
½ tasse (125 ml) vinaigre de cidre
½ tasse (125 ml) jus de pomme à l'ancienne
2 gousses d'ail, hachées
2 c. à thé (10 ml) raifort préparé
Sel casher et poivre du moulin

LE PARCOURS

Tremper la planche de cèdre pendant 4 heures dans l'eau en la maintenant submergée à l'aide d'un bol ou d'une boîte de conserve.

Dans une petite casserole, combiner tous les ingrédients de la laque. Porter à ébullition et laisser mijoter 15 minutes afin de réduire le liquide de moitié et d'obtenir une laque épaisse. Laisser tiédir. Badigeonner le saumon de la moitié de la laque.

Chauffer la planche de cèdre 3 à 4 minutes à feu moyen sur le barbecue.

Placer le saumon sur la planche, refermer le couvercle du barbecue et cuire 5 minutes à feu moyen.

Badigeonner le saumon du reste de la laque et continuer la cuisson 10 à 12 minutes. Découper et servir.

IL FAUT QUE ÇA BOUCANE. S'IL N'Y A PAS DE BOUCANE, C'EST QUE LA PLANCHE
DE CÈDRE NE FUME PAS. IL FAUT ALORS AUGMENTER UN PEU LE FEU.
SI LA PLANCHE DE CÈDRE PREND EN FEU, PAS DE PANIQUE.
VAPORISEZ SIMPLEMENT DE L'EAU DESSUS AVEC UN « POUCH-POUCH ».

MORUE NAPOLITAINE

PRÉPARATION : 30 MINUTES

LE CARBURANT

Sauce aux herbes
¼ tasse (60 ml) huile d'olive
2 c. à soupe (30 ml) vinaigre balsamique
1 échalote, ciselée
¼ tasse (60 ml) ciboulette, émincée
10 feuilles de basilic, hachées
Sel casher et poivre du moulin

Tomates grillées
4 tomates italiennes, coupées en 2
1 gousse d'ail, hachée
1 c. à thé (5 ml) sucre

Polenta
8 tranches de polenta de ½ po (1 cm)
  du commerce
1 c. à soupe (15 ml) huile d'olive

Morue
4 pavés de morue d'environ 7 oz (200 g) chacun
Sel casher et poivre du moulin
1 c. à soupe (15 ml) huile végétale
1 c. à thé (5 ml) beurre

LE PARCOURS

Dans un petit bol, combiner tous les ingrédients de la sauce aux herbes.

Dans un autre bol, mélanger les demi-tomates avec 2 c. à soupe (30 ml) de sauce aux herbes, l'ail et le sucre.

Huiler légèrement les rondelles de polenta. Assaisonner les pavés de morue et les arroser d'un peu d'huile végétale.

Chauffer la moitié du barbecue à feu vif et griller les demi-tomates côté chair et la polenta des deux côtés pendant 1 à 2 minutes. Les déplacer ensuite sur la partie la moins chaude du barbecue.

Griller d'abord les pavés de morue à feu vif 3 à 4 minutes d'un seul côté, puis les placer sur un papier d'aluminium avec un peu de beurre et les transférer sur la partie moins chaude du barbecue. Refermer le couvercle du barbecue et continuer la cuisson 4 à 5 minutes.

Servir la polenta et les tomates avec la morue grillée. Arroser le tout du reste de la sauce aux herbes. Savourer.

MANGEZ-LES COMME LES PORTUGAIS :

ÉCRASEZ UN PETIT BOUT DE SARDINE SUR LE CROÛTON, TREMPEZ DANS LA SAUCE ET METTEZ-VOUS-EN PLEIN LA FACE!

SARDINES AU PASTIS

10 X 🐟

PRÉPARATION : 20 MINUTES
REPOS (FACULTATIF) : 30 MINUTES

LE CARBURANT

10 sardines entières nettoyées et sans écailles
2 c. à soupe (30 ml) sel casher
1 citron, coupé en tranches
2 c. à soupe (30 ml) huile végétale

Croûtons

1 pain baguette, coupé en tranches
  de 1 po (2 cm) d'épaisseur
2 c. à soupe (30 ml) huile d'olive
Fleur de sel et poivre du moulin
Piment d'Espelette

Beurre au pastis

⅓ tasse (80 ml) pastis
1 gousse d'ail, hachée
2 c. à soupe (30 ml) beurre froid, coupé en cubes
Jus de ½ citron
2 c. à soupe (30 ml) persil frais, haché

LES SARDINES, ÇA A UNE DRÔLE D'ODEUR
QUAND ÇA GRILLE, ALORS ON ESSAIE
DE NE PAS LE FAIRE DANS LA MAISON.
ON PROFITE DONC AU MAXIMUM
DE LA SAISON DU BARBECUE
POUR SAVOURER CE FESTIN!

LE PARCOURS

Si vous avez le temps :
Frotter la peau des sardines avec le sel et laisser reposer 30 minutes au réfrigérateur. Retirer l'excédent de sel de la peau sans rincer. Insérer des tranches de citron dans chaque sardine. Huiler légèrement la peau des sardines.

Si vous n'avez pas le temps :
Saler et huiler généreusement la peau des sardines. Insérer des tranches de citron dans chaque sardine.

Sur le barbecue, griller les sardines 6 à 7 minutes à feu moyen et les retourner délicatement à mi-cuisson.

Badigeonner les tranches de pain d'huile d'olive. Griller les tranches des deux côtés, puis saler et saupoudrer de poivre du moulin et de piment d'Espelette.

Dans une petite poêle, sur le barbecue, verser le pastis et l'ail. Laisser mijoter 2 minutes, puis retirer du feu et ajouter tout de suite les cubes de beurre, le jus de citron et le persil. Bien remuer pour obtenir une sauce moussante.

Servir les sardines arrosées du beurre au pastis et accompagnées des croûtons.

THON 7ᵉ CIEL

PRÉPARATION : 30 MINUTES

LE CARBURANT

Vinaigrette crémeuse au sésame
¼ tasse (60 ml) mayonnaise
2 c. à soupe (30 ml) sauce soya
2 c. à soupe (30 ml) vinaigre de riz
1 c. à soupe (15 ml) gingembre frais, pelé et haché
1 c. à thé (5 ml) huile de sésame

Thon mi-cuit
1 c. à soupe (15 ml) moutarde de Dijon
1 c. à soupe (15 ml) miel
⅔ lb (300 g) thon albacore
¼ tasse (60 ml) graines de sésame noir et blanc
Sel casher

Salade
1 carotte, pelée et râpée ou coupée en julienne
2 tasses (500 ml) laitue iceberg,
   émincée finement
3 radis, râpés ou coupés en julienne
Sel casher et poivre du moulin

LE PARCOURS

Dans un bol, mélanger tous les ingrédients de la vinaigrette. Réserver.

Dans un petit bol, mélanger la moutarde et le miel, puis badigeonner le thon. Rouler le thon dans les graines de sésame.

Dans un saladier, mélanger les ingrédients de la salade avec ¼ de tasse (60 ml) de vinaigrette. Assaisonner.

Tempérer le thon 10 minutes avant la cuisson. Huiler légèrement les grilles du barbecue et griller le thon à feu moyen 1 minute de chaque côté, pour une cuisson totale de 3 minutes. Retirer du feu. Trancher le thon, arroser de vinaigrette et saler légèrement. Servir avec la salade.

LE THON ALBACORE EST À DÉCOUVRIR :
OPTION ÉCOLO POUR REMPLACER LE THON ROUGE,
RIDICULEMENT MOINS CHER ET TOUT AUSSI DÉLICIEUX.

CALMARS PIRATES ET LEUR SALSA

PRÉPARATION : 30 MINUTES
MARINADE : 30 MINUTES

LE CARBURANT

4 tubes de calmar avec les tentacules
Sel casher et poivre du moulin
Tranches de pain baguette

Marinade citron & sriracha pour calmars
Zeste et jus de 1 citron
1 c. à soupe (15 ml) huile d'olive
2 gousses d'ail, hachées
2 c. à soupe (30 ml) sauce sriracha
Sel casher et poivre du moulin

Salsa grecque
1 c. à soupe (15 ml) câpres
8 tomates cerises, coupées en 4
12 olives Kalamata, dénoyautées et rincées
1 tasse (250 ml) concombre, coupé en dés
1 c. à soupe (15 ml) vinaigre de vin rouge
3 c. à soupe (45 ml) huile d'olive
1 c. à soupe (15 ml) ciboulette, émincée
1 c. à soupe (15 ml) origan frais, haché

LE PARCOURS

Nettoyer les tubes de calmar de leurs ailerons. Retirer la partie supérieure des tentacules. S'assurer que les tubes ne contiennent pas de cartilage.

Dans un bol, mélanger les tubes de calmars et les tentacules avec tous les ingrédients de la marinade. Laisser mariner au réfrigérateur au moins 30 minutes.

Dans un bol, mélanger tous les ingrédients de la salsa grecque. Réserver.

Sur le barbecue, griller les calmars à feu vif, 2 minutes de chaque côté. Les retirer de la grille et les trancher en rondelles de ½ po (1 cm) d'épaisseur. Disposer dans une assiette de service et garnir de la salsa grecque. Assaisonner et servir les calmars accompagnés de pain frais ou grillé.

PARFAIT POUR UN 5 À 7 ENTRE AMIS AVEC UNE BONNE BOUTEILLE DE BLANC.
TU FERMES LES YEUX, TU SAVOURES ET HOP! C'EST COMME SI T'ÉTAIS EN GRÈCE!

PAPAYE, LIME, CREVETTES

PRÉPARATION : 30 MINUTES
MARINADE : 1 HEURE

LE CARBURANT

25 crevettes moyennes crues et décortiquées

Salade de papaye thaïlandaise
3 tasses (750 ml) papaye verte,
   pelée et coupée en julienne
12 tomates cerises, coupées en 2
1 tasse (250 ml) haricots verts, blanchis
   et coupés en tronçons

Vinaigrette thaïlandaise
3 gousses d'ail
3 piments oiseaux avec les pépins, équeutés
¼ tasse (60 ml) sucre de palme
¼ tasse (60 ml) sauce de poisson nuoc-mâm
⅓ tasse (80 ml) jus de lime
½ tasse (125 ml) arachides, rôties

LE PARCOURS

Au pied mélangeur (ou au mortier pour les amateurs de tradition), réduire l'ail, les piments, le sucre de palme et la sauce de poisson en purée lisse. Ajouter le jus de lime et les arachides, et broyer juste assez pour conserver des morceaux d'arachides.

Réserver ¼ tasse (60 ml) de vinaigrette et, dans un bol, mélanger le reste à la papaye, aux tomates et aux haricots. Laisser reposer 1 heure au réfrigérateur.

Dans un bol, mélanger la vinaigrette réservée aux crevettes. Piquer les crevettes sur des brochettes ou chauffer la plancha du barbecue à feu vif. Griller les crevettes 1 minute de chaque côté. Servir les crevettes sur un lit de salade de papaye.

FOCACCIA APÉRO

PRÉPARATION : 25 MINUTES

LE CARBURANT

1 pâte à pizza du commerce
2 c. à soupe (30 ml) huile d'olive
1 tasse (250 ml) crevettes nordiques
1 tasse (250 ml) roquette
Sel casher et poivre du moulin

Pesto coriandre & mascarpone
1 tasse (250 ml) coriandre fraîche
1 tasse (250 ml) roquette
½ gousse d'ail
Zeste et jus de 1 citron
¼ tasse (60 ml) graines de citrouille, rôties
2 c. à soupe (30 ml) huile d'olive
Sel casher et poivre du moulin
2 c. à soupe (30 ml) mascarpone
   ou fromage à la crème nature

LE PARCOURS

Au robot culinaire, broyer tous les ingrédients du pesto, à l'exception du fromage, en une purée lisse. Ajouter le fromage et bien remuer.

Avec un rouleau à pâte, abaisser la pâte à pizza pour former un ovale de ½ po (1 cm) d'épaisseur. Badigeonner d'huile d'olive les deux côtés de la pâte.

Griller la pâte à pizza sur le barbecue à feu moyen pour 2 à 3 minutes ou jusqu'à ce qu'elle se décolle facilement, puis la retourner.

Tartiner la pâte de pesto crémeux, garnir des crevettes et fermer le couvercle du barbecue 1 minute afin de réchauffer la pizza.

Lorsque la pâte est cuite, retirer la pizza du barbecue. Garnir de roquette, arroser d'un peu d'huile d'olive et assaisonner. Découper la pizza en bouchées et servir.

5À7 STYLE!

LANGOUSTINES COCO-CORIANDRE

12 X 🦐

PRÉPARATION : 30 MINUTES

LE CARBURANT

12 queues de langoustine coupe papillon,
   décongelées

Farce bacon, coco & coriandre
1 c. à soupe (15 ml) huile d'olive
2 tranches de bacon, émincées
3 oignons verts, émincés finement
2 gousses d'ail, hachées
¼ tasse (60 ml) noix de coco non sucrée
   finement râpée
¼ c. à thé (1 ml) piment de Cayenne
¼ tasse (60 ml) coriandre fraîche, hachée
Zeste et jus de 1 lime
¼ tasse (60 ml) beurre, ramolli
Sel casher et poivre du moulin

LE PARCOURS

Dans une poêle, chauffer l'huile d'olive et faire revenir le bacon, les oignons verts et l'ail 4 à 5 minutes. Transférer la préparation dans un grand bol et ajouter les autres ingrédients de la farce. Mélanger à l'aide d'une fourchette.

Farcir chaque langoustine d'environ 2 c. à thé (10 ml) de la farce.

Sur le barbecue, à feu moyen, griller les langoustines du côté de la carapace 8 minutes. Fermer le couvercle du barbecue afin de permettre au beurre de bien fondre et de parfumer la chair. Servir.

CHIC, FRAIS
&
AUTHENTIQUE
5 ÉTOILES!

CREVETTES ZINETTE

PRÉPARATION : 15 MINUTES
REPOS : QUELQUES HEURES

LE CARBURANT

24 crevettes moyennes crues et décortiquées
  avec la queue
1 c. à soupe (15 ml) huile d'olive
Jus de 1 lime
Sel casher et poivre du moulin

Sauce cocktail de Trinidad
2 échalotes, ciselées
1 gousse d'ail, hachée
1 c. à soupe (15 ml) raifort préparé
Jus de 1 lime
1 tasse (250 ml) sauce chili du commerce
1 c. à thé (5 ml) sauce Worcestershire
½ c. à thé (2 ml) poivre noir moulu
3 c. à soupe (45 ml) coriandre fraîche, hachée
2 c. à thé (10 ml) sauce piquante
  faite à partir de piments habaneros
  (Scotch Bonnet)

LE PARCOURS

Dans un bol, combiner tous les ingrédients de la sauce. Si possible, laisser reposer quelques heures au réfrigérateur pour un maximum de saveur.

Dans un bol, mélanger les crevettes, l'huile d'olive et le jus de lime, puis assaisonner.

Sur le barbecue, griller les crevettes à feu vif 1 minute de chaque côté. Servir avec la sauce cocktail.

CREVETTES À LA PLANCHA

PRÉPARATION : 20 MINUTES

LE CARBURANT

20 crevettes tigrées crues et décortiquées,
  épongées
1 c. à soupe (15 ml) huile végétale
Jus de 1 citron

Épices pour crevettes
1 c. à soupe (15 ml) graines de fenouil,
  broyées au mortier
1 c. à soupe (15 ml) aneth, séché
1 c. à thé (5 ml) piment d'Alep
  ou piment d'Espelette
1 c. à soupe (15 ml) semoule de maïs
Zeste de 1 citron
1 c. à soupe (15 ml) sucre
1 c. à thé (5 ml) sel casher
1 c. à thé (5 ml) paprika doux
½ c. à thé (2 ml) poivre noir moulu

LE PARCOURS

Dans un bol, mélanger tous les ingrédients des
épices pour crevettes. Mélanger les crevettes
aux épices.

Version brochette
Piquer les crevettes sur des brochettes en bois
préalablement trempées dans l'eau 15 minutes.

Huiler les grilles du barbecue.

Griller les brochettes 2 minutes de chaque côté
à feu moyen.

Retirer du feu, arroser de jus de citron et servir.

Version plancha
Chauffer la plancha du barbecue à feu moyen et
y verser un peu d'huile végétale.

Griller les crevettes 2 minutes de chaque côté
sur la plancha. Retirer du barbecue, arroser de
jus de citron et déguster.

PALOURDES EN PAPILLOTE

PRÉPARATION : 20 MINUTES

LE CARBURANT

1 sac de petites palourdes, bien nettoyées
Jus de 1 citron
12 gouttes de sauce Tabasco
2 c. à soupe (30 ml) beurre
2 gousses d'ail, hachées
4 feuilles d'oseille ou de persil frais,
  émincées finement
1 échalote, ciselée
2 c. à soupe (30 ml) vin blanc
1 c. à thé (5 ml) raifort préparé

LE PARCOURS

Découper deux rectangles de papier d'aluminium de 16 po (40 cm) de longueur. Superposer les deux feuilles. Placer les palourdes côte à côte au centre du rectangle. Arroser de jus de citron et de Tabasco. Ajouter le beurre en petits morceaux, puis garnir du reste des ingrédients.

Couvrir le tout d'une autre feuille d'aluminium, puis fermer la papillote en repliant les côtés plusieurs fois pour qu'elle soit hermétique.

Cuire la papillote 7 minutes sur le barbecue à feu moyen. Vérifier que les palourdes sont toutes ouvertes en ouvrant un côté de la papillote. Servir.

ACCOMPAGNEMENTS

★ = UNE PORTION

ACCOMPAGNEMENTS

PATATE DOUCE & CHORIZO

POMMES DE TERRE GRELOTS PIQUANTES

PAPILLOTES DE PATATES PRATIQUES

★ ★ ★ ★

PRÉPARATION : 20 MINUTES

LE CARBURANT

Papillote patate douce & chorizo

1 oignon, émincé finement

2 patates douces, pelées
    et coupées en cubes de 1 po (2 cm)

6 po (15 cm) chorizo, émincé

6 branches de thym frais, effeuillées

2 branches d'origan frais, effeuillées

Sel casher et poivre du moulin

1 c. à soupe (15 ml) huile d'olive

Papillote de grelots piquants

20 à 30 pommes de terre grelots, coupées en 2

1 oignon, émincé

2 c. à soupe (30 ml) sauce piquante
    Frank's RedHot

1 c. à soupe (15 ml) huile d'olive

2 gousses d'ail, hachées

1 feuille de laurier

Sel casher et poivre du moulin

2 c. à soupe (30 ml) crème sure

LE PARCOURS

Papillote patate douce & chorizo

Sur une feuille de papier d'aluminium, étaler l'oignon, puis les cubes de patate douce. Garnir du chorizo, du thym et de l'origan. Assaisonner et arroser d'huile d'olive. S'assurer que les ingrédients ne soient ni trop compactés ni trop étalés. Couvrir d'une autre feuille de papier d'aluminium et replier les côtés afin de bien sceller la papillote. Cuire 10 minutes sur la grille du barbecue à feu vif. Servir en accompagnement.

Papillote de grelots piquants

Dans un bol, mélanger les pommes de terre avec l'oignon, la sauce piquante, l'huile, l'ail et le laurier. Assaisonner. Suivre la méthode expliquée plus haut pour monter et fermer la papillote. Cuire 12 minutes sur la grille du barbecue à feu vif. Garnir de crème sure et servir.

PRÉPAREZ DES BEURRES AROMATISÉS
POUR VARIER LE TRADITIONNEL MAÏS!

ÉPIS QUOI ENCORE

12 X

PRÉPARATION : 8 À 20 MINUTES
TREMPAGE : 30 MINUTES

LE CARBURANT

Épis grillés dans leurs feuilles
12 épis de maïs

Épis grillés sans leurs feuilles
12 épis de maïs, épluchés
¼ tasse (60 ml) beurre, ramolli

Beurre italien
¼ tasse (60 ml) beurre, ramolli
1 gousse d'ail, écrasée au presse-ail
2 c. à soupe (30 ml) basilic frais, haché
2 c. à soupe (30 ml) parmesan frais, râpé

Beurre mexicain
¼ tasse (60 ml) beurre, ramolli
1 c. à thé (5 ml) poudre de chili
2 c. à soupe (30 ml) coriandre fraîche, hachée
Zeste de 1 lime

LE PARCOURS

Épis grillés dans leurs feuilles
Tremper les maïs dans l'eau pendant 30 minutes. Griller sur le barbecue à feu moyen 15 à 20 minutes, selon la grosseur des épis. Éplucher et savourer avec un beurre au choix.

Épis grillés sans leurs feuilles
Badigeonner les épis de beurre. Griller les épis 8 minutes sur le barbecue à feu moyen. Déguster avec un beurre au choix.

Les beurres
Dans un bol, mélanger tous les ingrédients avec une fourchette. Laisser les invités choisir leur camp : traditionnel, italien ou mexicain!

POIVRONS NINJA

PRÉPARATION : 20 MINUTES

LE CARBURANT

4 poivrons entiers (de votre couleur favorite)
1 c. à soupe (15 ml) graines de sésame
    noir et blanc, rôties

Marinade soya & sésame
2 gousses d'ail, hachées
2 c. à soupe (30 ml) sauce soya
1 c. à soupe (15 ml) vinaigre de riz
1 c. à thé (5 ml) sucre
1 c. à soupe (15 ml) huile de sésame
Sel casher et poivre du moulin

LE PARCOURS

Couper les poivrons en deux et retirer le cœur et les pépins. Couper les poivrons en lanières de 1 po (2 cm) de large. Dans un grand bol, mélanger les poivrons avec tous les ingrédients de la marinade.

Retirer les poivrons de la marinade et déposer sur le barbecue. Griller les poivrons 4 à 5 minutes à feu vif, puis les retourner. Terminer la cuisson 3 à 4 minutes.

Remettre les poivrons dans le bol et mélanger avec le reste de la marinade. Saupoudrer de graines de sésame, bien mélanger et servir.

CAROTTES CARDAMOME

★ ★ ★ ★

PRÉPARATION : 20 MINUTES

LE CARBURANT

16 carottes du jardin, rincées et coupées en 2
  sur la longueur
2 c. à soupe (30 ml) beurre, fondu
1 c. à soupe (15 ml) miel
4 gousses de cardamome, broyées
Sel casher et poivre du moulin

LE PARCOURS

Découper un grand rectangle de papier
d'aluminium et y placer les carottes. Arroser du
beurre et du miel, et saupoudrer de cardamome.
Assaisonner et remuer délicatement les carottes.

Refermer la papillote avec une deuxième feuille
de papier d'aluminium. Placer sur la grille du
barbecue et cuire 10 minutes à feu vif. Servir.

OIGNONS RÔTIFLETTE

★ ★ ★ ★

PRÉPARATION : 30 MINUTES

LE CARBURANT

1 c. à thé (5 ml) huile végétale

4 tranches de bacon, émincées

2 gros oignons blancs, coupés en tranches
  de ½ po (1 cm) d'épaisseur

¼ tasse (60 ml) vin blanc sec

6 tranches de fromage de type raclette

1 c. à thé (5 ml) grains de poivre noir,
  concassés grossièrement

LE PARCOURS

Découper un rectangle de papier d'aluminium de 16 po (40 cm) de longueur et l'enduire d'huile végétale. Étaler le bacon émincé en laissant un espace de chaque côté. Déposer les tranches d'oignon côte à côte sur le bacon. Arroser de vin blanc et couvrir des tranches de fromage. Terminer avec le poivre concassé.

Couvrir d'une deuxième feuille de papier d'aluminium et fermer la papillote sans que le papier touche au fromage. Percer quelques trous dans le haut de la papillote.

Cuire la papillote 10 minutes sur la grille du barbecue à feu vif. Ouvrir la papillote sur le dessus et continuer la cuisson 10 minutes ou jusqu'à ce que le fond du papier d'aluminium commence à brunir. Sa-vou-reux!

OIGNONS DOUX & TENDRES CUITS DANS LE GRAS DE BACON ET GRATINÉS!

TAGLIATELLES DE COURGETTES

★ ★ ★ ★

PRÉPARATION : 10 MINUTES

LE CARBURANT

2 courgettes
3 c. à soupe (45 ml) huile d'olive
Jus de ½ citron
1 c. à soupe (15 ml) vinaigre balsamique blanc
   ou vinaigre de riz
2 c. à soupe (30 ml) origan frais, haché
1 c. à soupe (15 ml) menthe fraîche, hachée
Sel casher et poivre du moulin

LE PARCOURS

À l'aide d'un économe ou d'une mandoline, trancher les courgettes en longs rubans minces sur la longueur.

Dans un bol, mélanger les courgettes avec tous les ingrédients de la salade. Bien remuer et servir.

PLUS RAPIDE ET PLUS SANTÉ QUE LA PATATE AU FOUR

AVOCAT-VINAIGRETTE

SERVEZ-LE AVEC VOS STEAKS!

AVOCAT TOUT GARNI

AVOCATS GRILLÉS 2 FAÇONS

★ ★ ★ ★

PRÉPARATION : 10 MINUTES

LE CARBURANT

2 avocats
1 quartier de citron
Sel casher et poivre du moulin

Avocat-vinaigrette
2 c. à soupe (30 ml) huile d'olive
Zeste et jus de ½ citron
1 c. à soupe (15 ml) coriandre fraîche, hachée
½ gousse d'ail, écrasée au presse-ail
Sel casher et poivre du moulin

Avocat tout garni
4 tranches de bacon, émincées
½ tasse (125 ml) cheddar, râpé
4 c. à soupe (60 ml) crème sure
2 c. à soupe (30 ml) ciboulette, émincée
1 quartier de citron

LE PARCOURS

À l'aide d'un petit couteau, couper les avocats tout autour du noyau. Tordre les moitiés afin de les décoller et retirer les noyaux à l'aide d'une cuillère. Arroser immédiatement la chair de jus de citron. Griller les avocats 2 minutes côté chair sur la grille du barbecue à feu moyen. Tourner les avocats et continuer la cuisson 2 minutes. Assaisonner et servir avec la garniture désirée.

Avocat-vinaigrette
Dans un petit bol, mélanger tous les ingrédients de la vinaigrette. Verser au centre des avocats grillés et servir.

Avocat tout garni
Dans une petite poêle ou au micro-ondes, cuire le bacon émincé 2 à 3 minutes, puis l'éponger sur du papier absorbant.

Au moment de retourner les avocats sur le barbecue, les garnir de fromage et de bacon, et cuire 2 minutes. Au service, garnir de crème sure et de ciboulette, puis arroser de jus de citron.

VARIATIONS CHOUCHOU

★ ★ ★ ★ ★ ★ ★ ★ ★

PRÉPARATION : 30 MINUTES
REPOS : 2 HEURES

LE CARBURANT

Salade de chou asiatique
6 tasses (1,5 l) chou chinois, émincé finement
2 carottes, pelées et râpées
1 petit oignon, râpé
¼ tasse (60 ml) basilic thaï, émincé

Vinaigrette asiatique
½ tasse (125 ml) mayonnaise
2 c. à soupe (30 ml) sauce soya
3 c. à soupe (45 ml) vinaigre de riz
1 c. à thé (5 ml) miel
1 c. à soupe (15 ml) gingembre frais, pelé et haché
1 c. à thé (5 ml) huile de sésame

Salade de chou multicolore
4 tasses (1 l) chou vert, émincé
2 tasses (500 ml) chou rouge, émincé
1 petit oignon, râpé
2 carottes, pelées et râpées

Vinaigrette crémeuse
½ tasse (125 ml) mayonnaise
¼ tasse (60 ml) vinaigre blanc
1 c. à soupe (15 ml) sucre
½ c. à thé (2 ml) sauce Worcestershire
1 pincée d'épices italiennes
Sel casher et poivre du moulin

Vinaigrette traditionnelle
¼ tasse (60 ml) vinaigre blanc
1 c. à soupe (15 ml) sucre
½ tasse (125 ml) huile végétale
1 c. à thé (5 ml) moutarde de Dijon
1 pincée d'épices italiennes
Sel casher et poivre du moulin

LE PARCOURS

Dans un grand bol, fouetter ensemble tous les ingrédients de la vinaigrette choisie. Ajouter les ingrédients de la salade de chou. Assaisonner et bien remuer.

Pour une saveur optimale, laisser reposer la salade pendant environ 2 heures au réfrigérateur avant de la servir.

ASIATIQUE

CRÉMEUSE

TRADITIONNELLE

SALADE DE BRUXELLES GRILLÉS

★ ★ ★ ★

PRÉPARATION : 30 MINUTES

LE CARBURANT

20 à 30 choux de Bruxelles, coupés en 2
Sel casher et poivre du moulin
1 c. à soupe (15 ml) beurre

Vinaigrette aux noix
2 échalotes, ciselées
3 c. à soupe (45 ml) vinaigre de xérès
1 c. à soupe (15 ml) huile de noix
¼ tasse (60 ml) huile de pépins de raisin
¼ tasse (60 ml) noix de Grenoble,
  rôties et hachées grossièrement
Sel casher et poivre du moulin

LE PARCOURS

Dans un bol, mélanger les échalotes et le vinaigre de xérès. Laisser reposer au moins 15 minutes. Ajouter l'huile de noix, l'huile de pépins de raisin et les noix. Assaisonner et réserver.

Placer les demi-choux de Bruxelles face vers le bas sur un papier d'aluminium salé et répartir le beurre en petits morceaux. Couvrir d'une autre feuille d'aluminium et replier les côtés pour fermer la papillote.

Faire des trous à la surface de la papillote pour laisser la vapeur s'échapper. Cuire la papillote 10 minutes à feu vif sur la grille du barbecue. Arroser généreusement les choux de la vinaigrette aux noix. Bien remuer et servir.

PORTOBELLOS CHÈVRE CHAUD

★ ★ ★ ★

PRÉPARATION : 20 MINUTES

LE CARBURANT

4 champignons portobellos entiers
4 rondelles de fromage de chèvre avec la croûte
de ¼ po (0,5 cm) d'épaisseur

Marinade ail & balsamique
¼ tasse (60 ml) huile d'olive
2 c. à soupe (30 ml) vinaigre balsamique
2 gousses d'ail, hachées
Sel casher et poivre du moulin

LE PARCOURS

Retirer délicatement le pied des champignons.

Dans un petit bol, mélanger l'huile d'olive, le vinaigre balsamique, l'ail, le sel et le poivre. Badigeonner légèrement toute la surface des champignons avec la marinade.

À feu moyen, griller les champignons 4 à 5 minutes, côté lamelles sur la grille du barbecue. Retourner les champignons et verser le reste de la marinade dans les lamelles. Garnir chaque champignon d'une tranche de chèvre, puis fermer le couvercle du barbecue et continuer la cuisson 5 minutes à feu moyen. Servir.

ASPERGES GREMOLATA AU BLEU

★ ★ ★ ★

PRÉPARATION : 15 MINUTES

LE CARBURANT

1 bouquet d'asperges
1 c. à soupe (15 ml) huile d'olive
Sel casher et poivre du moulin
Huile d'olive de bonne qualité

Gremolata au fromage bleu
2 c. à soupe (30 ml) persil frais, haché
1 gousse d'ail, hachée
Zeste de 1 citron
2 c. à soupe (30 ml) aneth frais, haché
2 c. à soupe (30 ml) fromage bleu, émietté

LE PARCOURS

Avec les mains, retirer le tiers inférieur trop coriace des asperges. Arroser les asperges d'huile d'olive et assaisonner. Bien mélanger.

Dans un petit bol, mélanger tous les ingrédients de la gremolata au fromage bleu. Réserver au réfrigérateur.

Griller les asperges 3 à 4 minutes (selon leur grosseur) sur le barbecue à feu moyen. Transférer dans une assiette et garnir immédiatement de la gremolata. Arroser d'une bonne huile d'olive et servir.

AUBERGINE & LABNEH

★ ★ ★ ★

PRÉPARATION : 20 MINUTES

LE CARBURANT

1 aubergine, coupée en tranches
  de ¼ po (0,5 cm) d'épaisseur
¼ tasse (60 ml) huile d'olive
Sel casher et poivre du moulin

Labneh à la menthe
½ tasse (125 ml) fromage labneh
  ou yogourt grec nature
¼ tasse (60 ml) menthe fraîche, hachée
1 c. à soupe (15 ml) miel
2 c. à soupe (30 ml) huile d'olive
½ gousse d'ail, écrasée au presse-ail

Pains naans grillés
2 c. à soupe (30 ml) huile d'olive
½ c. à thé (2 ml) cumin
1 c. à thé (5 ml) sumac ou ½ c. à thé (2 ml) sel
3 pains naans du commerce

LE PARCOURS

Badigeonner généreusement les tranches d'aubergine d'huile d'olive. Saler et poivrer.

Sur le barbecue, griller les aubergines à feu vif 3 à 4 minutes de chaque côté afin de bien les cuire.

Dans un bol, bien mélanger tous les ingrédients du labneh à la menthe.

Dans un petit bol, mélanger l'huile, le cumin et le sumac. Badigeonner les deux côtés des pains naans. Griller sur le barbecue à feu moyen 1 minute de chaque côté. Retirer du gril et découper en pointes.

Servir les pointes de pain naan avec les aubergines grillées et le labneh à la menthe comme garnitures.

PARFAITE COMME ACCOMPAGNEMENT
À N'IMPORTE QUEL PLAT,
CETTE RECETTE DÉPANNE AUSSI
TRÈS BIEN POUR L'APÉRO!

MAYO MIEL & HARISSA

MAYO-RÉMOULADE

MAYO AU CURRY

CES FRITES N'ONT RIEN À ENVIER AUX FRITES DE FRITEUSE.
ELLES SONT MÊME BIEN MEILLEURES!

FRITES SUR LE BARBECUE

★ ★ ★ ★

PRÉPARATION : 1 HEURE

LE CARBURANT POUR LES FRITES

Frites au gras de canard
4 pommes de terre à chair jaune (Yukon Gold)
⅓ tasse (80 ml) gras de canard
2 c. à thé (10 ml) sel casher

LE PARCOURS POUR LES FRITES

Couper les pommes de terre en bâtonnets et les rincer sous l'eau froide 5 minutes. Égoutter.

Frotter les pommes de terre avec le gras de canard et le sel pour bien les enrober. Étaler les pommes de terre sur une plaque tapissée de papier parchemin.

Placer la plaque sur le barbecue pour une cuisson indirecte, et cuire 40 minutes à feu moyen-vif (400 °F/200 °C). Retourner les frites une ou deux fois en cours de cuisson.

Saler les pommes de terre à nouveau et servir avec une mayonnaise nature ou aromatisée.

LE PARCOURS POUR LA MAYO

Pour la mayonnaise, fouetter vigoureusement le jaune d'œuf, la moutarde, le jus de citron et l'ail 1 minute. Verser l'huile en filet en fouettant sans cesse afin d'obtenir une mayonnaise onctueuse. Assaisonner. Incorporer ensuite l'assaisonnement à mayonnaise désiré. Servir.

LE CARBURANT POUR LES MAYOS

Mayonnaise maison
1 jaune d'œuf
1 c. à thé (5 ml) moutarde de Dijon
Jus de ½ citron
½ gousse d'ail, hachée
1 tasse (250 ml) huile végétale
Sel casher et poivre du moulin

Mayo-rémoulade
½ recette de mayonnaise maison
1 c. à soupe (15 ml) moutarde de Dijon
2 c. à soupe (30 ml) estragon frais, haché

Mayo poivre noir, lime & coriandre
½ recette de mayonnaise maison
2 c. à soupe (30 ml) coriandre fraîche, hachée
Zeste et jus de 1 lime
½ c. à thé (2 ml) poivre noir moulu

Mayo pesto basilic
½ recette de mayonnaise maison
¼ tasse (60 ml) basilic frais, haché
1 c. à soupe (15 ml) parmesan frais, râpé

Mayo miel & harissa
½ recette de mayonnaise maison
1 c. à soupe (15 ml) harissa
1 c. à soupe (15 ml) miel

Mayo au curry
½ recette de mayonnaise maison
1 c. à thé (5 ml) poudre de curry
Jus de ½ citron

MELON & HALLOUMI GRILLÉS

★ ★ ★ ★

PRÉPARATION : 15 MINUTES

LE CARBURANT

4 tranches de fromage halloumi
4 tranches de melon d'eau
1 c. à soupe (15 ml) huile végétale
1 tasse (250 ml) roquette

Vinaigrette lime & téquila
2 c. à soupe (30 ml) jus de lime
1 c. à soupe (15 ml) téquila
2 c. à soupe (30 ml) coriandre fraîche, hachée
Sel casher et poivre du moulin

LE PARCOURS

Dessaler le fromage halloumi en le passant 5 minutes sous l'eau courante. Égoutter et couper en tranches de ½ po (1 cm) d'épaisseur.

Dans un petit bol, mélanger tous les ingrédients de la vinaigrette. Réserver.

Badigeonner les tranches de melon et les tranches de fromage d'huile végétale.

Sur le barbecue, griller les tranches de melon et de fromage 1 à 2 minutes de chaque côté à feu vif. Disposer le tout dans une assiette de service, garnir de roquette et arroser de vinaigrette. Servir.

PARFAIT POUR IMPRESSIONNER LES AMIES DE TA BLONDE À L'APÉRO!

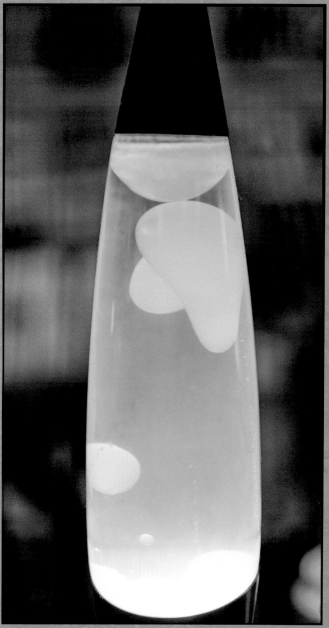

Souriez!
Vous êtes
filmés...

DESSERTS

= UNE PORTION

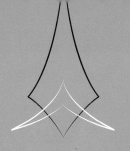

BRUNCH BBQ

●●●●

PRÉPARATION : 20 MINUTES

LE CARBURANT

1 c. à soupe (15 ml) huile végétale
4 ou 6 tranches de pain de ménage
  de 1 po (2 cm) d'épaisseur
4 bananes entières, pelées
2 c. à soupe (30 ml) cassonade
Crème glacée au caramel

Pâte à pain doré
½ tasse (125 ml) lait
¼ tasse (60 ml) cassonade
3 œufs
½ c. à thé (2 ml) extrait de vanille
½ c. à thé (2 ml) cannelle
1 c. à soupe (15 ml) beurre, fondu

LE PARCOURS

Dans un bol, fouetter tous les ingrédients de la pâte à pain doré.

Huiler les grilles du barbecue.

Imbiber les tranches de pain de pâte à pain doré. Déposer les tranches sur le barbecue à feu moyen et les griller 1 à 2 minutes de chaque côté.

Frotter les bananes avec la cassonade et griller en même temps que le pain, 2 minutes de chaque côté. Les couper ensuite en petits tronçons.

Servir les tranches de pain doré garnies de banane caramélisée et de crème glacée.

LE GRILLED-PINOTTE

●●●●

PRÉPARATION : 15 MINUTES

LE CARBURANT

8 tranches de pain blanc
4 c. à soupe (60 ml) beurre d'arachides crémeux
8 carrés de chocolat noir 70 %,
  cassés en morceaux
2 c. à soupe (30 ml) beurre, fondu

LE PARCOURS

Placer quatre tranches de pain sur une surface de travail. Tartiner chaque tranche de 1 c. à soupe (15 ml) de beurre d'arachides. Répartir le chocolat concassé sur le beurre d'arachides. Refermer les sandwichs, puis badigeonner les deux côtés de beurre fondu.

Sur le barbecue à feu moyen, griller les sandwichs 1 à 2 minutes de chaque côté. Monter sur la grille supérieure 5 minutes pour bien faire fondre l'intérieur. Déguster... avec ou sans crème glacée.

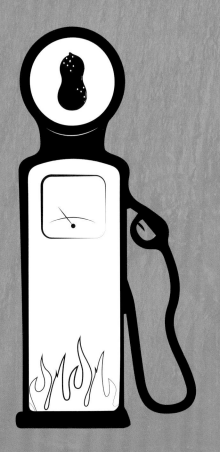

OK... LA CRÈME GLACÉE

J'EN MANGE
EN CACHETTE

DANS LE GARAGE

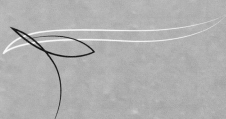

PIZZA-DESSERT

● ● ● ●

PRÉPARATION : 40 MINUTES

LE CARBURANT

1 tasse (250 ml) ricotta, égouttée
2 c. à soupe (30 ml) sucre
8 branches de romarin frais, hachées
1 pâte à pizza
1 tasse (250 ml) bleuets
2 c. à soupe (30 ml) huile d'olive
Zeste de 1 citron
1 c. à soupe (15 ml) sucre glace

LE PARCOURS

Chauffer une pierre à pizza 30 minutes à feu vif sur le barbecue.

Dans un bol, fouetter vigoureusement la ricotta, le sucre et le romarin jusqu'à l'obtention d'un mélange bien crémeux.

Abaisser la pâte à pizza pour former un ovale. Garnir la pâte de la préparation à la ricotta. Ajouter les bleuets et arroser d'huile d'olive.

Glisser la pizza sur la pierre, fermer le brûleur qui est sous la pierre, puis fermer le couvercle du barbecue. Cuire à feu vif de façon indirecte 7 à 9 minutes ou jusqu'à ce que la pâte soit bien dorée.

Saupoudrer la pizza de zeste de citron et de sucre glace, découper et servir avec une bonne grappa!

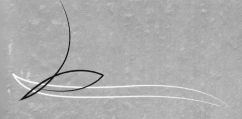

ANANAS CRÉOLE

PRÉPARATION : 20 MINUTES
REPOS : 2 HEURES

LE CARBURANT

Ananas grillé
½ ananas
2 c. à soupe (30 ml) rhum brun
2 c. à soupe (30 ml) cassonade
½ c. à thé (2 ml) extrait de vanille

Crème fouettée glacée à la noix de coco
1 tasse (250 ml) crème à fouetter 35 %
Zeste de 1 lime
2 c. à soupe (30 ml) sucre
¼ tasse (60 ml) crème de noix de coco en poudre

LE PARCOURS

Fouetter la crème et le zeste de lime jusqu'à l'obtention de pics fermes. Ajouter le sucre et la poudre de noix de coco, et bien fouetter. Tapisser quatre petits bols de pellicule plastique et y répartir la crème fouettée. Placer les bols au congélateur pour 2 heures.

Découper le demi-ananas en quartiers. Retirer le cœur de chaque morceau.

Dans un bol, mélanger les quartiers d'ananas avec le rhum, la cassonade et la vanille.

Sur le barbecue, griller les morceaux d'ananas 2 à 3 minutes de chaque côté à feu moyen.

Sortir les petits pots de crème du congélateur 5 minutes avant de servir. Démouler les crèmes à la noix de coco et servir avec les quartiers d'ananas grillés.

INDEX DES RECETTES

★ INDEX DES MARINADES, SAUCES & VINAIGRETTES

SAUCES

VINAIGRETTES

★ INDEX DES INGRÉDIENTS ★

★ INDEX DES INGRÉDIENTS ★

REMERCIEMENTS

L'auteur tient à remercier les endroits suivants pour leur hospitalité :

Les Épicurieux 389, rue Cherrier, Montréal (Île Bizard), QC H9C 1E7 — 514-626-7256
Cavos 4945, boul. Saint-Jean, Pierrefonds, QC H9H 2A9 — 514-696-1941
Magasin de musique Steve's 51, rue Saint-Antoine Ouest, Montréal, QC H2Z 1X8 — 1-877-978-3837
La fin du vinyle 6307, boul. Saint-Laurent, Montréal, QC H2S 3C2 — 514-495-2786
Spice Station Épices 174-A, rue Bernard Ouest, Montréal, QC H2T 2K2 — 514-274-1514
Fruiterie du Mile-end 5686, avenue du Parc, Montréal, QC H2V 4H1 — 514-278-5576
Les produits Weber-Stephen LLC, www.weber.com